THE ART OF THE DISSERTATION

論文ゼミナール

佐々木健一
Ken-ich SASAKI

東京大学出版会

The Art of the Dissertation
Ken-ich SASAKI
University of Tokyo Press, 2014
ISBN 978-4-13-003208-7

はじめに

大学で教えているひとなら誰でも、研究者であると同時に教育者でもあります。教える場所は違っていても、教員なら誰でもそうです。ただし、教育と研究の比率が異なります。教育の比率が高く、その責任が最も重いのは小学校の先生で、学年が上がるほど、この比率が逆転してゆきます。大学の教員になりたいというひとは、ほとんど例外なく研究を志しているのであり、教育に熱意をもち、そのために大学で教えたい、というひとに出会ったことはありません。わたくしもそうでしたし、今もそうです。

これまでにわたくしが公刊してきた著書も論文も、すべて研究の成果であり、教育者の立場から書いたものは、ごく例外的なエッセイを除いて、皆無です。そのエッセイもほとんどは研究者の目でみた事柄を語っています。しかし、本書は違います。論文の書き方を教えることが、本書の目的であり、大学生を相手とする教育の中核をなす課題に応えようとするものです。大学の先生方はどなたも経験しておられることと思いますが、論文、特に卒業論文の書き方を教えることは、非常な難題です。そのことを痛感しつつ、毎年々々、学生の自主的な学習をいわば当てにしてお茶を濁してきた、というのが実情です。教えることをほとんどやめる時期になって、長年の負い目を清算しようというのが、本書を著す動機です。

しかし、構想は昨日今日の思いつきではありません。二〇〇二年に、当時勤めていた東京大学文学部において、おそらくこの学部最初の卒論演習を実行しました。この学部において演習は、重視されていましたが、それぞれの分野で重要とされるテクストを精読することがテーマでした。論文の書き方に関する具体的な指導はない、と言って過言ではありませんでした。学生たちは論文の何たるかも分からぬまま、というより分かっていないという自覚もないまま、毎年、四年生の春になると、卒論のテーマについて、教師と個人的な面談をし、あとは必要に応じてアドヴァイスを受ける、というやり方でした。呑みこみのよい学生は、これで十分の成果をあげていました。しかし、論文とはどのような文章なのかが分からないために、力を十分に発揮できない、と思われたケースも少なくありません。長年のその経験から、論文の書き方を教えるべきだと考え、同僚に諮りました。おそらく同じ経験をしていた同僚たちの賛同を得て、美学藝術学の研究室では、テクストの精読の時間を別のかたちで確保したまま、演習を卒論指導に切り替えました。その最初の年が二〇〇二年で、わたくしは望んでそれを担当させてもらいました。間もなく定年を迎えたわたくしにとって、それは教師人生におけるただ一度の経験となりました。「経験」と書きましたが、それはまさに手探りで行った試みで、学生諸君に教えられたところも少なくありません。このときから、本書の構想はわたくしの心に根を下ろしていました。

このテーマの本は少なくとも十指に余るものがあります。敢えて新たな一書を著すには、類書にないものを含んでいなければならないでしょう。二〇〇二年の演習の際、類書のなかから次の七点について、参加者にリポートしてもらいました。

清水幾太郎『論文の書き方』、岩波新書、一九五九年
保坂弘司『レポート・小論文・卒論の書き方』、講談社学術文庫、一九七八年
澤田昭夫『論文のレトリック——わかりやすいまとめ方』、講談社学術文庫、一九八三年
ウンベルト・エコ『論文作法——調査・研究・執筆の技術と手順』、谷口勇訳、而立書房、一九九一年
ハワード・S・ベッカー『論文の技法』、佐野敏行訳、講談社学術文庫、一九九六年
山内志朗『ぎりぎり合格への論文マニュアル』、平凡社新書、二〇〇一年
小笠原喜康『大学生のためのレポート・論文術』、講談社現代新書、二〇〇二年

書店の通販サイトなどをご覧になれば、より新しい類書があるのを知ることができます。参照したこれらの本は、それぞれに示唆を与えてくれたり、共感を覚えたりするところがありますが、本書は決定的に異なるところがあります。これらの類書のなかに、必要と考えていた議論や説明をわたくしは見出しませんでした。怠けてより新しい類書を読んでいないのは、この「違い」がどこまでも本書だけのものに相違ない、と少々たかをくくって、思っているからです。なぜそう考えるのか、そし

て、その「違い」とは何なのかをお話しします。

わたくしは、これまで、おそらく二〇〇本近くの学術論文を書いてきましたし、一〇〇本を超える数の論文を指導してきました。指導した論文は、自分で書いたものと同様、卒業論文に始まり、修士論文、少数の博士論文、相当数の学術論文にわたります。なかでも、本書を著すうえで貴重な素地となっているのは、学生や若手研究者たちの論文執筆をサポートしたこの経験です。自分の執筆経験は、論文を書くことをいわば内側から体得するもとになりますが、かれらとの一種の共同作業は、この課題が初心者にとってどのような問題をはらんでいるかを、教えてくれるものでした。わたくしは指導する立場にありましたが、この点では、かれらからわたしが学んだことのほうが、はるかに多いと思います。そのようにして得た基本的な直観は、論文を書くことが一種の技術であり、まぎれもなくユニークな経験だ、ということです。本書の執筆意図の核心をなすのも、この観点です。多くの類書において、この点は十分に語られていない、と思います。当然、「論文の書き方」を教えるという趣旨の著者が、それを技術として捉えていないはずはない、という反論があるでしょう。その通りなのですが、その「技術」の理解が問題です。わたくしの言う技術とは、ものづくりの職人たちのわざ、スポーツ選手のわざ、藝術家のわざと同じわざです。それは古典的な意味での「アート」です。そこには目と手先と頭脳との相関する複雑なプロセスが介在しています。当然、身体と模倣の役割が重要になります。新しいものを作り出すとはどのようなことなのか、新しい事実や思想を理解するのはどのようにしてなのか、ということを考えあわせなければ、技術を説くことはできません。この基本構想に立って、わたくしは本書を著そうとしています。

このまえがきの冒頭に、本書は研究ではなく教育のための著作だ、と書きました。しかし、論文をアート＝技術として捉える基本構想は、わたくしの研究テーマのひとつである創造論に立脚しています。創造は、わたくしの専門領域である美学（この場合は藝術哲学）の主要テーマのひとつですが、難しい課題です。観賞の構造についての研究が膨大な数に上るのとは対照的に、この分野の論考は手薄です。その理由は明らかです。美学者は、だれでも藝術作品の観賞経験をもっていますが、藝術創作の経験をもつひとは多くありません。特に天才的な創造体験は、学者の近づきうるものではない、と考えられています。古来の霊感とか、近代の天才というような観念は、これが神秘に属する事柄だ、ということを意味しています。神秘とは、解明することが不可能だ、ということですから、理論家が尻込みするのは当然です。

しかし、神秘と言っても、神が神秘であるというのとは違います。遠い現象ではなく、誰もがそれなりに経験していることです。何かを理解することができる、ということは神秘ではありませんか。水が上から下に流れる、ということを誰もが理解しています。それができるのは、水道をひねるたびに、また、川の流れや雨が降るのを見るたびに、何度もそれを経験しているからです。しかし、繰り返された経験に培われたものであるにせよ、その「同じ」現象をそれとして理解することができるのはなぜでしょう。そのことは、ほとんどめぐみのようなもので、とても不思議なことです。作ることも同じです。鉋《かんな》を使って紙よりも薄く木材の表面を削るわざの背後には、気の遠くなるような経験の集積があります。その経験は試行錯誤です。試行錯誤とは、間違いを間違いとして認識し、繰り返しつつ、あるとき上手くできることがあると、その手ごたえを忘れずに身につけてゆく、という経験です。間違いが分かることも、あるとき上手くできるようになることも、その成果が身についてゆくことも、不思議です。名コーチが必ずしも名選手だったわけではない、というよく知られた事実があります。「できる」ことと「分かる」ことの間にギャップがあるということです。しかし、名コーチになれなかった名選手にも、そして誰にでも、このギャップがあります。これも神秘です。そしてめぐみでもあります。「できる」ことと「分かる」ことの間にあるこのギャップが、成長を導いてくれるからです。それなしには、そもそも何かをできるようになる、ということさえ、まったく理解できないでしょう。大藝術家の仕事の神秘をくまなく捉えることなど、勿論できません。当人さえ理解できないということは、古来語られてきたことです。しかし、その創造性は、一九世紀の西洋人たちが考えたように、例外的な天才に限られることではなく、程度の差をもって広がる普遍的な現象です。

いましがた、「できる」ことと「分かる」ことの間にギャップがある、と書きました。しかし、これは片手落ちです。ギャップがあるということは、相関性がある、ということです。何かを作るということは、それについて「分かっていること」を「できること」へと転換することだ、と見ることができます。論文が何であるかを「分かる」ことなしに、論文を書くことができないのは道理です。しかし、これにも反面があります。実は作ってみて初めて、真に理解することができるのです。そこで「分かる」ことと「できる」こと、知識と制作との競り合いの関係が生まれてきます。それが試行錯誤ということの意味であり、わたしたちは生活のなかでこの競り合いを生きています。作ることの普遍性、その重要性は、この知識と制作の相関的関係のなかで、初めて認めることができるものです。この点は、技術と制作あるいは創造に関するわたくしの考えの根幹をなしています。卒業論文を書く学生諸君は、ほとんどの場合、それが初めて書く論文です。その新鮮な経験のなかで、この知的生活の基本性格が浮かび上がってくるはずです。

論文を書くことも、創造的な仕事です。創造的だと言っても、世の中の大事件となるほどのものを生み出す、というようなことを考えているわけではありません。論文制作は技術《アート》だと申しました。技術とは、できるひともいれば、できないひともいる、という冷徹なことがらです。わたくしが鉋をうまく使えないことと同じです。しかし、うまくできないひとも、当人にとってはかつてない経験をし、少しまえには考えてもいなかったことを発見し、新しいものを生み出している、という事実は、よくできた人の場合と変わりません。論文を書くことの苦しさも、愉しさも、この仕事の創造的性格によるものです。強調しておきますが、論文を書くことは、苦しいことです。しかし、愉しいことでもあります。その愉しさは、ほかのかたちでは得られないものです。この点はスポーツと似ています。ただし、その愉しさは、自分でやってみなければわかりません。これもスポーツと似ています。わたくしは、この創造活動という観点に立って、以下の論文作法を書いてゆきます。

ここで、わたくしが念頭においている論文の種類を明記しておくべきでしょう。わたくしが基本的な読者として想定しているのは、大学の卒業論文を書こうとしている学生諸君であり、またかれら／彼女らを指導しておいでの先生方です。以下、最初の章でお話しするように、論文という語を広い意味で理解することもできますが、ここでは卒業論文を含む学術論文を考えています。より広い意味での、言い換えればゆるやかな意味での論文の場合も、本書の中心的な部分、すなわち言うまでもなく創造的なプロセスに関わる部分は参考にしていただくことができるでしょう。学術論文のなかでも特に卒業論文を取り上げるというのは、初めて論文を書く、というケースを念頭においている、という意味です。修士論文や博士論文の場合、それを準備しているひとは、すでに論文執筆の経験があります。わたくしの主張のひとつは、論文の執筆法は技術であり、従って身体で覚えるものだ、ということですから、この経験は真に貴重です。しかし、博士論文の場合でも、大学院の門戸が広くなってから、論文執筆の経験が不足していると見られるケースが少なくありません。確信のないひとで手がかりが欲しいと思われるのであれば、本書はそれに応えられるところがあると思います。

《論文の書き方》本のなかには、対象にレポートを含めているものがあります。課題としてレポートを要求される先生のなかには、個人的な感想のようなものを期待しておいでの方もおられますので、先生が何を要求しておられるのか確かめるのが先決です。本来の意味でのレポート、すなわち研究の報告であれば、課題の本や論文を読み、その内容を略述するのが主眼になります。この点は、本書のなかの「要約」を取り上げている第四章が参考になります。

領域の限定もあります。卒業論文といっても、文系のものが対象です。理科系の論文は、原則として、わたくしの視野のなかにありません。わたくしが理解していないからです。文系というのも広すぎるかもしれません。わたくしの専門は、右にも申しましたが美学であり、これは哲学の一分野です。しかし、歴史学や文学研究の論文を読んでも、わたくしは違和感を覚えません。論文の書き方に関して基本は同じなのではないか、と考えています。それは社会科学にも及びます（ただしフィールドワークによる論文は別です）。本書において取り上げる具体例は、自由に、これらの諸領域から借りています。しかし、同じ分野であるはずの美学の論文でも、まれには全くなじみのないスタイルのものもありますので、厳密にはケース・バイ・ケースです。本書においてお話しすることが、歴史学や文学研究、さらには社会科学の論文には妥当しない、というような点がもしもあるのなら、ご教示いただければ幸いです。

本書は、大きく二部に分かれています。「レクチャー篇（あるいは原理篇）」と「実技篇」とでも呼ぶことができます。前半では、論文とは何か、卒業論文を書くのは何のためか、学ぶとは、また何かができるようになるというのは、どういうことなのか、などをお話しします。これは、右に言及しておいた創造論に関わるもので、わたくしのなかでは研究の応用に相当します。後半の内容は言うまでもありません。右に書いたように、「知る」と「作る」は深く相関していますから、原理と実技の二つの部分もまた互いに互いを支えあう関係にあります。第一部を無視されないことを、望みます。

その理論（論文の本質）と実践（論文の執筆）の両者を通して、本書はひとつの問題を中核に据え、それにこだわりぬきます。論文とは「自分の考え」を述べるものだ、という至極もっともと思われる常識があります。しかし、論文に関して「自分の考え」とは何なのかは、分かり切ったことではありません。それを明らかにして示すことが重要な課題であると思っていますし、本書を通読された読者には、それについて確信をもっていただけるようにするつもりです。それを考えるうえで重要になるのが、「事実」と「意見」の違いと区別で、この対概念は本書のライトモチーフになります。この課題に応えるために、必要な実例を挙げますし、失敗や挫折を含めてわたくし自身の経験を語ることにもやぶさかではありません。わたくしが論文について知っていることは、自らの経験によって得たものですから、そうするほかはないと思っています。これらの中心的な問題、概念についてどのように考えているか、とここでお訊ねいただいても困ります。この先のページを繰ってください。そこに解答があります。

最後に、本書の使い方について一言しておきます。理想は、本書の価値を認めてくださった先生方に、論文指導の時間の教科書として使っていただき、その指導のもとに学んでいくことです。文章は、論文の書き手となる学生諸君に語りかける文体で書いていますが、実際の指導にあたられる先生方と声を合わせる心持でいます。身体で覚えるほかない技術に関しては、肉声の指導が貴重だからです。もちろん、独習の道しるべとして使うことも可能ですし、部分的に拾い読みをされることをも拒むものではありません（ただし、わたくしの著作意図を十分に分かっていただくことはむずかしいと思います）。

もうひとつ、著者としてのわたくしの念願は、これを、論文を書くうえでの指針となるという効用の面だけでなく、読みものとして面白いものにしたい、ということです（ただし、哲学的な読みものです）。読みものとなりえたなら、論文の書き手だけでなく、論文の読み手をも啓発することができるでしょう。好きなものをよりよく理解するのは、知的な快楽です。論文を書く予定のない読者を得て、そのひとに論文を書きたいと思わせたい、というのがわたくしの野心です。ホラチウスやボワロー、A・ポープは、《詩の書き方》本である詩学を詩の形で書きました。ある意味で無味乾燥な課題に、詩としての言語的な魅力を与えようとしたわけです。わたくしに、文章の魅力でこの本を読みものにする、という離れわざはできません。しかし、思索的な内容でそれを果たすことならば、少なくとも望んでみることはできるでしょう。面白いというのは、読者が自分の経験に光を当てられたと感じることです。何かを発見したり、作り出したりすることは、例外なしに誰もが経験していることなのですから、これはあながち不可能な野心ではないはずです。しかも、それこそが、論文を書くことによって、読者の方々が、これからなさる経験にほかなりません。

付記　類書のなかに技術の観点をとっているものはない、と言いましたが、例外があります。梅棹忠夫『知的生産の技術』（岩波新書、一九六九年）という古典的著作です。天邪鬼のせいか、有名な本ゆえに敬遠してきました。本書の原稿を書き上げ、数か月経ってから、やはり気になって読んでみました。右のように断言しながら、この本のタイトルが心に不安を残していたからです。読んでみて、この断言を撤回する必要はない、と判断しました。なぜかを説明します。半世紀以上前に書かれ、今なお読み継がれていることを納得させるものを、この名著はもっており、この「知の巨人」の座談の興に与るような面白さもあります。本書においてわたくしは、他の著者の説を取り上げて議論する、ということをしない方針なので言及しませんが、共有する意見がいくつも見出されました。そして確かに、タイトル通り、「技術」を語っています。しかし、二点において、『知的生産の技術』と本書それぞれの「技術」論は異なっています。まず、本書においてわたくしは、論文を書くことが技術であると主張するだけでなく、その技術をどのようにして習得すべきかを説明しようとしますが、梅棹本にそのような視点は希薄です。いろいろな点で「訓練」が必要であることが力説されてはいますが、その手ほどきはありません。多くのページを割いて説明されているのは、知的生産のための環境の整備、道具立てのしつらえです。これはおそらく、氏の想定した読者が研究者や社会人であり、卒業論文を書こうとしている初学者ではなかった、ということによるものでしょう。もう一点は、最初の点と深く関連していますが、専門の違いです。梅棹氏の専門である「社会人類学」は、社会科学の一分野に分類できるでしょうが、若い学問領域であることもあり、研究型よりもフィールドワークを基礎とする思索型の論考が、その知的生産のモデルとされています。読書のあとで「カード」に書き残すのは「わたしにとって〈おもしろい〉ことがらであって、著者にとって〈だいじな〉ところ」ではない（一一三ページ）というところに、そのスタンスが鮮明に表れています。このような「面白い論点」をばらばらにし、カードの利点を生かしてそれらをリシャッフルし、関係づけることによって、新しい思想を生み出すのが、氏の「知的生産」です。それが技術の性格をもっているにしても、教えることはできないでしょう。手ほどきがないのは、当然と言えます。わたくしは、この創造性の要求に強く共感しますが、これでは初学者の研究論文は書けません。本書が引き受けるのは、初学者の導きです。逆に、自由な発想の「知的生産」を目指したい、という方には、梅棹本の一読を薦めます。

論文ゼミナール――目　次

はじめに　i

第一部　論文を書くとはどういう経験か——原理篇

第一章　論文は、なぜ、必修課題なのか……2
0　カリキュラムのなかの卒業論文　1　受動から能動へ
2　作ってはじめて分かる　3　くくり上げとしての理解
4　「できる」と「わかる」のからみあい

第二章　論文を書くことは技術《アート》である……14
0　論文に関する素朴な思い込み　1　習得の必要性
2　言葉では教えられないこと　3　論文には適性がある

第三章　論文とはなにか……20
0　広い意味の論文と学術論文　1　作文にも主題がある

2　批評と論文　3　真似るために論文を読書する
4　思索的著作と研究論文

第二部　論文を書く——実践篇

第四章　基礎的トレーニング——ノートと要約……48
0　ダウンサイジングとしての理解　1　ノート／カード／「データベース」
2　雑記法　3　ダブル・ノート法

第五章　論文の主題を見つける……60
0　「カントをやりたいと思います……」　1　対象・主題・テーマ
2　逆流式の主題設定　3　疑問をもつ習性——「事実」と「意見」
4　速成式の主題設定　5　より本格的に

第六章　設計図と施工……78
0　ディドロの執筆法　1　「符牒となる単語」とその構成
2　具体例による設計図の引き方　3　空白の恐怖
4　竹へび構造の施工法　5　サブタイトルの意味

第七章　論文のモラル……97
0　論文を書くにもモラルがある　1　研究不正という問題の病根
2　テクストと参考文献　3　借用と剽窃　4　引　用
5　注の意味と付け方　6　翻訳の扱い
7　原語で読むことの意味　8　借用と批判のマナー

第八章　文章法……155
0　明晰さは他人《ひと》のためならず　1　「である」調で断定する
2　見通しの必要とパラグラフ　3　文を長くしない

4 「は」と「が」と「の」の使い分け　5 かかり結びと整合性の原則
6 自動詞・他動詞の区別　7 繰り返しを避ける
8 接続詞・副詞の活用と「ところで」　9 句読点の打ち方
10 「のである」病と「というもの」病　11 「述べる」の貧しさ
12 いくつかの誤用・誤記

第九章　見直しと推敲 ……… 202
0 若さと推敲の難しさ　1 他人の目で見る
2 誤りを認める勇気と潔さ　3 可能な限度を見極める
4 遠視鏡と近視鏡

第一〇章　書式に関する指針 ……… 209
ページのレイアウト　フォントの選択　目次、参照文献表、索引
謝辞　パラグラフの切り方　注の書き方　カッコの使い分け

第一一章　特別処方八か条……219
1　無駄を覚悟すること　2　文献の芋づる式探索法
3　疑問を持てないひと　4　他人の文章を添削する
5　長く書けないひと、短く書けないひと　6　迷路に入り込んだなら
7　組み直しは非常に難しいということ　8　序文とレジュメ

あとがき　238

第一部　論文を書くとはどういう経験か——原理篇

第一章　論文は、なぜ、必修課題なのか

0　カリキュラムのなかの卒業論文

統計的に調べたわけではありませんが、現在、ほとんどの文系の大学では、卒業に必須の課題として卒業論文が、大学院の博士前期（修士）課程では修士論文が要求されていますし、博士後期課程になると、博士論文を書くことが修学の目的です。

大学に進学するとき、志望の分野を決め、志望大学を絞り、入学試験に臨みます。しかし、この選択に際して、その大学にどういう先生がいらっしゃるかを考慮するひとは、少しずつ増えているようですが、やはり少数派です。そこのカリキュラムがどうなっているかに注意をはらうひとは、ほとんどいないでしょう。入学して、ガイダンスに出席すると、卒業論文が必修であることを教えられますが、それがなぜ必要なのかを考えるひとは皆無、と思われます。カリキュラム（修学の大枠となるプログラム）が要求しているので、否応なしにそれに応えようとする、というのが多くのひとの姿勢の

ように見受けられます。

職人仕事の修業やスポーツのトレーニングなどでは、理屈を言わず、やれと言われたことに精進することが重要です。特に職人仕事の場合など、そこに、長年培われ伝えられてきた経験的な知恵が、凝縮されています。学問にもそういう側面があります。それでも学問は、そもそもが理屈なので、卒業論文がなぜ必要なのか、という疑問を持ってみるのも悪くありません。それによって、論文を書くモチヴェーションが明確なものになるでしょう。

1　受動から能動へ

卒業論文から修士論文を経て博士論文へという階段に注目すれば、受動的から能動的へと、書き手の姿勢が変化してゆくことが分かります。右に指摘したように、大学院の後期（博士）課程になると、論文を書くこと自体が最重要な目的となり、そこに進学するということは、すなわち博士論文を書くことだ、と言っても過言ではありません。当然、後期課程の学生は、論文のテーマをもち、そのテーマで論文を書き上げるには何をしなければならないかについて、相当の見通しをもっている、と期待されています。もちろん、かれらにも不安があり、悩みも迷いもあります。実際に論文を書き上げるまでには、いくつもの困難を乗り越えなければなりません。それを見守り、必要に応じてアドヴァイスを与えるために、大学院という制度があり、指導教授がいるわけです。しかし、みちを拓いてゆくのは、あくまで学生自身の能力と意志です。

それに比べると、卒業論文を書くひとの姿勢はずっと受動的です。自分からは何も考えずにこの課題に臨む、というひとが少なくないと思います。何しろ、日本全国で、毎年、三〇万人以上のひとが卒業論文を書こうとしているらしいのですから。* それでも、学部教育のなかでみれば、卒論制作は学生が最も能動的に取り組む課題です。講義は、聴いて理解する、という受動的な作業です。演習《セミナー》はずっと能動的に参加する授業形態です。テクストを精読するというかたちのものでも、辞書を引いたり、関連する知識を探すなどの予習が不可欠です。授業中には、訳を試みたり、仲間の訳に対して批判したり、テクストの内容について意見を述べたりします。その能動性は、卒業論文の制作において最高度のものになります。指導を受けるにしても、これらのすべて、すなわち理解することも、意見を言うことも、それを批判することも、自分でしなければならないからです。

＊ この概算の数字は、次のようにして割り出しました。文部科学省が平成一五年度に行った統計が、同省のホームページに公表されています。それによると、全国の大学の学部学生の総数は約二五〇万人、学部別の割合の表のなかから、人文系と社会系、その他の一部を合わせて、六〇％と見積もると、一五〇万人が卒論を書くべき学生の総数と見積もられます。これは全学年を合わせた数字ですから、留年生を勘定に入れて五等分すると、三〇万人になります。ごくラフな数字です。

いまわたしは、卒業論文の制作と言いました。それは、卒論を書くということが、まさに作ることだからです。藝術系の大学の実技の部門で卒論に相当するのが、卒業制作です。絵画なら絵を画き、作曲なら実際に曲を作ります。一般の大学から見ると、藝術系の大学は特殊で、その卒業制作も卒業論文の代用のように見えるかもしれません。しかし、観方を逆転させ、藝術系の卒業制作をモデルにして卒業論文を考えるほうが正確です。論文の執筆において求められているのは、ものをつくるという精神のはたらきだからです。

2　作ってはじめて分かる

理解することは受動的で、作ることは能動的です。一応、そのように言うことができます。しかし、よく考えてみると、能動的に関わらなければ、何かを理解することもできないのではないでしょうか。能動的に関わるとは、そのものを自分で生み出してみる、ということです。

高等学校で習った数学の教科書のことを思い起こしてみましょう。新しい問題に入ると、最初に説明があり、そのあとに練習問題がついています。この練習問題を「つけたし」と考えて素通りすると、じきに行き詰ってしまいます。個人的な経験ですが、高校に入ったとき、二次式の因数分解が分からず、泣きたいような思いをしたことがあります。何をどうしたらよいのか、何をどうすべきなのかが、かいもく分からなかったのです。そのとき、式に使われている二次項と定数項の数字だけに注目し、それぞれを二数の掛け算に分解し、その二数を足して一次項の係数になるようにする、という「たすきがけ」の解法を教えてもらいました。言われた通りに例題を解いてみると、少し試行錯誤の手間をとりましたが、答が得られました。いくつか別の例題を解いているうちに、数字をみただけで解答が分かるようになり、さらに、因数分解の問題でないのに、三つの数字を見ると、それを因数分解しようとするほどに、いわば熱中しました。そのようになったとき、因数分解は「分かった」、という手ごたえを覚えることができました。頭のなかに、この課題に対する対処法の回路が出来たのだと思います。

この経験から、真に何かを理解するには能動的に関わる必要がある、ということが分かります。分かる、理解するとは、単に受け取ることではありません。疑問あるいは問題があって、その答を自分で作り出すことです。日常生活のなかで出会うような、あるいは学校で教えられるような疑問、問題は、ほとんどが凡庸で、多くの人びとがそこを通り過ぎて行った轍のような性格のものです。しかし、それでも、その答を自分で作り出さなければ、その問題を理解したとは言えません。数学の問題を例に挙げましたが、さらに基礎的な、ものを考えるということについても、同じことが言えます。黙って考えているとき、頭の中には言葉が渦巻いています。それを発声してはいないのですが、心のなかでは発音しています。あなたはいま、この本を開き、このページのこの箇所を黙読しています。声は発していません。しかし、振り返って観察してごらんになれば、心のなかの声が発音している、という事実に気付くはずです。難解な箇所になったとき、その箇所を繰り返して読み、さらにつぶやいてみる、という事実が、理解するうえでの発音の重要性を物語っています。発音するとは、そこにつづられている思考を、自分で作り出すことにほかなりません。このことに関連して、外国語の学習における発音の重要性を、考えあわせることができます。発音の重要性というのは、ネイティブスピーカーをうならせるようなきれいな発音、ということではありません。どれほどなまっていても構いません。ただ一定の規則性を以て文に対応するように発音することができる、ということが重要です。これができなければ、黙読することも困難ですから、その外国語を習得することは、ほとんど不可能ではないかと思います。

3　くくり上げとしての理解

さきほどの因数分解の例は、さらに別のことも教えてくれます。わたしたちの精神世界が、具体的で複雑な理解の過程を、公式という単純で簡素なかたちへとくくり上げてゆくことで成り立っている、ということです。「たすきがけ」の解法は、はじめ、その仕組みを解きほぐして説明してもらわなければなりません。その仕組みを理屈として理解したうえで、例題に適用してみます。それを繰り返してゆくうちに、ほとんど自動的に解答できるようになります。そうなると、もとの仕組みを忘れることができます。多くの公式はそのようなものです。例えば二次方程式の解の公式は、最初に証明される必要があります。証明されたなら、それを安心して使うことができます。この公式を使って問題を解くようになると、最初の証明は忘れてしまいますが、必要があればそこに立ち戻ることができます。複雑な証明プロセスは、公式のなかにいわば溶け込んでいる、という状態が生み出されるわけです。

この「くくり上げ」の仕組みは、数学のような抽象的な学問だけでなく、少し「むずかしい」ことばの理解の基本でもあります。例えば、「もののあはれ」とか「あはれ」と呼ばれる概念は、「しみじみとした情感」というような辞書的な定義だけでは、理解がおぼつかないでしょう。辞書の定義は理解の基本ではありますが、それだけでは空疎な感じを否めません。この語を詠みこんだ西行をはじめとする王朝の歌人たちのうたを読み、『源氏物語』のしかるべき箇所を理解したうえで、それらをくくり上げて初めて、分かったという感覚を得ることのできるものです。「分かった」という感覚は、「あはれ」という語から、それを使って表現する種類の具体的な経験を復元することができる、という確信です。くくり上げるということは、具体的な経験をひとつに束ねることですが、概念の方から言えば、具体的な経験に根付かせることです。そこには、個人的な微妙な差異が生まれてきます。「あはれ」の例で言えば、どのうたに共感するか、物語のどこに焦点を合わせるかによって、その違いは生じます。数学や科学の術語や公式が非人称的な、個人差のないものであるのに対して、文系の学問の術語、概念にはこの微妙な個人差が付きまといます。それは文系の学問の特徴であり、欠点というよりもむしろ、積極的に意義を認めるべきものでしょう。この差異が、新解釈を生み、論争を引き起こして、新たな世界を展開してゆくもととなるからです。理解が制作であるからこその展開です。しかし、概念をどのようにでも読み替えることができる、などというのは乱暴な話です。誤解や見当はずれが存在する、ということも同じく間違いのない事実です。

くくり上げられて出来たことばは、相互に結びつき、それらの間でより高次のくくり上げを可能にします。論文は知的な制作物です。論文だけではありません。発明や発見、考案、さらには生活のなかでのさまざまな工夫や思いつきにいたるまで、どれもが、経験をくくり上げ、それを相互に結び付けて生まれた知的制作物です。論文にはその性格が最も明らかに見られます。ですから、その基礎となるくくり上げのできていないひと、つまり、それぞれの学問領域の基礎知識を学んでいないひとに、読み手を感心させるような論文を書くことは不可能です。自分の思いを吐露するなら、それこそが立派な論文になる、と考えていませんか。それこそがわたしの個性だ、と思っていませんか。個性と言うならば、たしかに、不思議な考え方や感じ方をするひとがいます。しかし、その感じ方考え方が、そのまま論文になるわけではありません。制作されていないからです。制作するということは、論文の対象となっているテクストや問題に触発されて、新しいくくり上げをすることです。書き手自身がなにかを発見することです。書き手であるあなたが、自分で驚くようなものになれば、最高です。「最高」ですが、それは当人にとって最高、ということであって、最高の論文という意味ではありません。専門家が読んで優れた論文だと評価してもらえるまでには、相当の研鑽を必要とします。しかし、大学生活のなかで学業を怠けてきたひとでも、論文で優れた成果を出すことができないわけではありません。当人にとって新しいくくり上げを経験することです。これは簡単なことではありません。学業を怠けてきた、ということは、くくり上げの修練が足りない、ということだからです。それでも、論文を書くことは、授業を聴くとか読書するという以上に能動的な仕事ですから、くくり上げを強いられます。そこに、これが素晴らしい経験になりうる余地があります。精神の、言い換えれば頭のはたらきの核心をなすくくり上げとは、経験と身についた知識を組み合わせて、新しい必要に対応することです。俗に、スポーツ選手などについて、頭は悪いがかんは鋭い、などという言い方をします。とんでもないことです。かんのはたらきは、素早く繊細なので、そのメカニズムは捉えがたいのですが、間違いなく精神のはたらきです。かんが鋭いということは、頭がよい、ということです。その頭のはたらきを開発するトレーニングとして、論文を書くことは最高の課題です。その能動的な作業によって、理解の能力も身についたものになるでしょう。ここに、卒業論文が大学教育のカリキュラムに組み込まれていることの意味があります。

4 「できる」と「わかる」のからみあい

そもそも、論文を書くことができる、言い換えれば、新しいくくり上げができるのは、何故なのでしょうか。ことは広い意味での創造性に関わることですから、とことんつきつめるなら神秘としか言いようはありません。しかし、その神秘をのぞき込むための手がかりがあります。それは、「できる」以上のことが「分かる」し、逆に「分かる」以上のことが「できる」という経験的な事実です。これに関して、二つのことを思い起こします。

わたしの学問上の専門領域は美学で、美学は一般的に藝術哲学です。言い換えれば、藝術について、その原理的な問題を考えることです。そこで、藝術家のみちを志していたのだが、結局それについて学問することに落ち着いた、というひとがいます（おそらく少なくないと思います）。大学院の学生だったころ、ある長老の先生に、そのような経験談を伺う機会がありました。その方は、学問を始めたために、批判的な能力が強くなり、創作能力を上回ることになって、創作ができなくなった、とおっしゃっていました。確かに、創作を試みている最中に、一文をつづり、一筆を置くたびごとに、もうひとりの自分の声が批判的な言葉を囁きつづけているとしたら、意欲をそがれることでしょう。しかし、創作に批判的な意識が欠かせないこともまた、明らかです。画家がキャンバスから距離をとって画面をにらみ、またキャンバスに戻るのは、制作中の作品の状態を批判的に評価しているのです。批判できなければ先へは進めません。かつてないものを生み出す創作力と、かつてないものを評価できる批判力が二つながら必要なことと考えられます。

思い起こされるもうひとつのことは、まえがきのなかでも触れたことですが、スポーツにおいてよく知られている「名選手名コーチならず」、あるいは「名コーチ名選手ならず」という事実です。これはスポーツの場合に顕著ですが、藝術にも学問にも、あるいは職人仕事にも、あることではないかと思います。ここにも「できる」ことと「分かる」ことのギャップが見られます。このギャップこそ、新しいくくり上げをすること、言い換えれば創造的活動を拓く鍵です。

プロ野球の場合で考えてみます。現役として二割五分くらいの打率の打者は、凡庸ではないにしても、とびぬけた選手とは言えないでしょう。そのひとがコーチになり、三割打者を育てあげる、ということがあります。実行力よりも理解力の方が勝っているケースと言えます。どうしてこのようなことができるのでしょう。わたしは次のように考えます。特に傑出した打者ではなかったにせよ、かれは見事なヒットを打つこともありました。そのときのボールの捉え方や身体の使い方の感覚を覚えていました。これだ、という感覚です。それだけではありません。かれは、その感覚をふりかえってみて、どのようにすればそれを再現することができるかを、理解することができました。この場合の「理解する」とは、全体的な身体感覚をいくつかの単純な要素に分解することです。スランプに陥ったときには、この要素的な運動を取り戻そうとしたことでしょう。それがあってはじめて、二割五分の成績を残すことができたのです。しかし、かれの身体能力はそのレベルを超えることはできませんでした。しかし、自分よりも身体能力のすぐれた選手に、それらを教えることができました。そのためには、当然のことですが、その選手の身体の使い方をみて、どこに難点があるかが「分かる」という理解能力が関わっていました。

野球選手の仕事は、基本的に繰り返しです。打者ならばヒットを打ち続けることです。その打ち方に、その選手にとって新しい工夫があるかもしれませんが、成果は同じヒットです。藝術家の場合なら、今までにない新しいものを作り出す、ということがあります。これもわたしの推測です。あるとき、画家は自分の絵筆の生み出したものに驚く、ということがあります。自分の求めていたものに相違ないのですが、それ以上の何かをそこに見出して驚いたのです。驚くということは、その効果のよさをみとめる、ということです。考えていた以上のものを生み出す、ということも偶然とは思えません。偶然としても、それまでの修練を経たひとにしか訪れない偶然です。さらに、今まで見たことのない効果のよさをみとめる、ということも生半可なことではありません。それまでできなかったことを作り出す能力も、また初めて見るものをよいと判定する能力も、どちらも不思議な力です。「分かる」ことと「できる」ことの間のこのギャップがあって初めて、ひとはそれまで知らなかった新しいものを生み出し、理解することができるようになります。つまり、このギャップこそ創造力の正体です。自分の絵筆の生み出した新しい効果に驚いた画家は、その効果に即して画面全体の構想を更新することでしょう。そうしてかれ／彼女は、新境地を拓くことになります。

卒業論文を書くことは、スポーツの大選手、優れたコーチ、あるいは大藝術家の仕事に比べることのできるようなものではありません。しかし、《作ることによって分かる》という仕事の仕組みは同じです。その仕組みは、精神的、知的な成長のすべてに共通しています。小学校以来受けてきた教育の仕上げに、あるいは学問を志すひとにとってはその道のりの始めに、取り組む価値のある課題です。

第二章　論文を書くことは技術《アート》である

0　論文に関する素朴な思い込み

まえがきにも書きましたが、論文を書くことが技術だ、ということは、本書の最も基礎的な考え方であり、著作方針でもあります。

論文を書くことが技術だというわたしの主張を、大げさだと思うひともいるでしょう。当たり前のことを声高に語っている、というわけです。いまそのことについて言い争うつもりはありません。困るのは、論文を書くのに特に技術など必要ではない、と思っている人びとです。卒業論文を書こうとしているひとたちに多いのではないか、と危惧します。自動車運転は、長い時間をかけて習わなければできない、と多くのひとが認識しています。ところが、論文については、ことばを話すことができるし、メールのメッセージを書くことができるのだから、簡単に書ける、と思い込んでいるのではないでしょうか。実際に取り組んでみれば、これがそう簡単にはいかない、ということがすぐにわかります。

論文を書くことが技術であることとは、本書全巻を通してお話しすることです。ここでは、技術であるとはどういうことか、という点について、重要な二、三の事柄を指摘しておきます。

1　習得の必要性

「技術」に「アート」とルビをふりましたが、この「アート」は「藝術」ではありません。「藝術」という意味が派生してくる大元にある、知の基本的な形態のことです。どなたも御存知の言葉に「リベラル・アーツ」があります。「リベラル・アーツ」とは一般教養科目ですから、この「アーツ」は学問です。応用性があり、習熟を必要とする知の広大な領域が「アート」です。

論文を書くことが技術《アート》であるならば、当然、習得することが必要です。それは、水泳やダンス、鉋《かんな》のかけ方、陶芸、自動車の運転等々と変わりません。これらについては、それが技術であるということはよく認識されていて、習わなければできるようにならない、ということを疑うひとはいません。講習会が開かれたり、「教習所」や「〇〇教室」という施設がもうけられたりしています。ところが、論文の講習会や「論文教室」というようなものは、聞いたことがありません。

水泳教室やダンス教室があるのに、論文教室が存在しないのは、論文を書きたい、だからそれを習いたい、というひとがいないからです。当然、卒業論文を課している大学では、これが教えられているはずです。調査したわけではありませんが、「卒論指導」という時間が設けられているところはあっても、その時間に、論文の書き方を技術として教えている大学や先生はまれなのではないかと、推測します。わたし自身、まえがきのなかで言及した二〇〇二年の演習を除けば、お茶を濁してきた、というのが実情です。そのときの経験も、教える必要がある、しかし何をどう教えたらよいのかわからない、という暗中模索から始まりました。少なくとも、これを技術として、教師は教え、論文の初心者である学生は習得しなければならない、という認識が必要です。

2　言葉では教えられないこと

大学で論文の書き方が技術として教えられていないのは、それが言葉では教えることができないからです。およそ技術とは、そういうものです。《論文の書き方》本を著そうという意図とは矛盾している、とおっしゃるかもしれません。しかし、例えばダンスにも教則本があります。そこにはワルツ、ジルバ、サンバなどの曲種ごとに、足の運びの基本形が足型図で示されています。初心者はこの舞踊譜に従って足を動かしてみなければなりません。指示されているのは足の運びだけですが、足の動きに伴って上半身も動かざるをえません。上半身が足の動きについてゆくようになると、全身の運動になります。踊るということは全身の運動ですが、その運動を足が導いているわけです。足の運びは図示し、説明することができますが、全身の運動感覚は言葉にできません。つまり教則本は、教えることのできないことを教えるために、最も有効と考えられているヒントを与えるものです。わたしが本書で行おうとしていることも、同じです。

もうひとつ、絵画の石膏デッサンのことを思い起こしてください。どなたも中学や高校の美術の時間に体験されたはずです。彫刻の頭部を型どりした石膏像をモデルにして、それを鉛筆で写すという絵画の基礎的訓練です。特別な試みをするのでなければ、写実が課題です。この像を、見える通り、鉛筆を使って画き写しなさい、という課題は、ことさら先生がおっしゃらなくても自明のこととして授業は進められます。どのようにすべきかの説明などありません。画き進めてゆくなかで初めて、先生からアドヴァイスが与えられます。ここのプロポーションに注意しなさいとか、ここのふくらみを写すにはこうしてみたらどうか、などというヒントです。ヒントというのは、それを自分で実行して、その効果を自分の目で確かめなければ意味がないからです。

ダンスとデッサンは技術であり、身体や手と腕を動かして体得すること、すなわち身体で覚えることがすべてです。論文の書き方も身体で覚えなければなりません。そういう認識をもっているひとはまれでしょう。論文の場合、身体運動は文字を書くという動作に限られていて、本質的なこととは考えられていないからです。しかし、現に行われている指導の実態は、デッサンの場合と同じです。主題についての相談を受けたうえで、何か書いて来なさい、そうしたらそれについて具体的なアドヴァイスを与えます、というやり方です。少なくとも、わたしが行ってきたのはそれです。しかし、これについて「お茶を濁してきた」と思っているのは、デッサンの教育には見られないことです。この違いはどこにあるのでしょう。それは、デッサンにおける写実という課題が自明のものであるのに対して、論文を書くとは何をすることなのか、という点の理解は、自明のものとしてあるわけではない、ということだと思います。課題が何であるかということは、言葉で教えることができます。しかし、それを本当に理解するには、やはり身体で覚えなければなりません。言葉では教えられないことを、言葉で教える、というのが、本書においてわたしが引き受けている課題です。

3　論文には適性がある

技術である以上、論文を書くことにも適性があります。運動会の徒競走で、いつも一番になる子供と、いくら頑張っても上位に入れない子がいます。わたしは手先が不器用で、フリーハンドでまっすぐな直線を書くことができません。同じことが論文にもある、ということを覚悟しておくことが必要です。論文を書くことへの適性は、「頭のよさ」と同じだ、と考えるひとが少なくないようです。たしかに、運動能力はあまり関係がありませんし、考えることが基本ですから、そのように思うのは自然なことです。しかし、IQを測るような単純な試験では捉えられない種類の発想力、飛躍する想像力、くくり上げる論理的な直観力など、さまざまな要因が重要な働きをしています。事実、「頭がよく」、専門の研究者になったひとでも、論文を書くのが得手でないというケースが、少なくありません。論文を書くことへの適性が複雑な性質のものであることを、物語っています。

論文を書くことに適性があるにしても、そしてその適性が走力や器用さのように単純なものでないにしても、卒業論文はその学部なり学科なりの全員に求められている課題です。学界に波紋を投げかけるような傑作、問題作が求められているわけではありません。現在の課程博士の学位論文にしても、その点ではあまり事情は変わらないと思います。特に卒業論文の場合、その狙いは、すでにお話ししたように、能動的に作ってみることによって、理解力を基礎とする精神の力を真に身につけることにあります。なすべきことは同じです。疾走してゆく選手がいるのに、自分は速く走れないとしても、いら立つことなく、適性の違いとして受け入れるのが賢い態度です。大切なのはゴールにたどり着くこと、つまり、論文を書き上げることです。苦労した論文の方が、経験としては充実している、ということが大いにあります。

第三章　論文とはなにか

0　広い意味の論文と学術論文

論文を書くことが技術である以上、まずは何をする技術なのかを理解しておくことが必要です。自動車の運転を習おうとするひとは、それが何をすることであるのか分かっています。デッサンを実習するときには、写実が狙いであることを、誰もが当然のこととして承知しています。論文の場合にも、そのような知識が共有されているでしょうか。論文制作が技術《アート》だという認識をもたないひとは、それが話すことや、メールのメッセージを書くのと同様のことだ、というくらいの考えかと思います。論文をより厳密に考えているひとは、さらに間違った考えをしていて、それに気づいていない、という恐れがあります。日常で使われている「論文」という単語があいまいだからです。『新明解国語辞典』（第5版）は、次の二つの意味を区別しています。

①ある事柄について、筋道を立てて意見を述べた文章
②その人の研究の成果をまとめた文章

それぞれに用語法が示されていて、①の例として「論文形式の試験」、②の例として「卒業論文」「博士論文」という語句が挙げられています。固い言葉では、②は研究論文とか学術論文と呼ばれます。これらの例を見る限り、違いは明瞭であるような印象を受けますが、実は相当にあいまいです。この定義の焦点は「意見」と「研究」の区別にあるらしいのですが、これが区別されていることにさえ気づかないひとが多いのではないでしょうか。広く見られる誤解として、優れた卒業論文はしっかりした自分の意見を述べるものだ、という思い込みがあるからです。もうひとつ、卒論を書こうとしている大学生にとってこの区別がむずかしいのは、「研究」が何かということをほとんど知らないからです。

論文を書くには、論文が何かということの認識が不可欠で、すべての作業の入口になります。しかし、それを教えることは非常な難題です。書き手がそれを認識してくれれば、あとの論文指導は技術的に運ぶことができる、とさえ言えるでしょう。これが難題であるのは、身体で習うべきことを言葉で説明しようとするからです。しかし、伝統的な職人仕事のように、何年もかけてそのわざを習得するというような余裕はありません。ヒントを与えるだけにせよ、言葉で説明するほかはありません。
そこで、

《論文はエッセイや感想文、批評文、新聞の社説などとは違います。ある主題を立て、さまざまな根拠を挙げて、それを論証するのが論文です》

というような説明をします。このような説明をしながら、これでは学生たちに分かってもらうことは難しいだろう、と感じていました。これは既に論文を習得したひとが試みた定義のようなもので、「エッセイ」「感想文」「批評文」「社説」「主題」「論証」などの語の意味を理解しているひとにしか、通用しません。エッセイはもとより感想文にさえ、主題はあります。論文に不可欠とされる主題とは、それらの主題と異なるのでしょうか。また、社説や批評文は何かを主張しており、その主張の正しさを、理屈によって、読者に印象づけ、説得しようとしています。その論理的な努力は、論文の核をなすとされる論証と違うのでしょうか。また、違うとすればどのように違うのでしょうか。右のような指導を受けた学生の立場に立てば、当然のこういう疑問を返したくなるはずです。わたし自身、それに答えていないという、どこか後ろめたい思いを懐きつつ、この、正しいが、多分あまり意味のない説明を繰り返してきたのは、それ以上の言い方を見つけることができなかったからです。

わたしには、論文の何たるかを的確に教えることのできたまれな経験があります。学生時代の友人で、長年編集の仕事をしていたひとが、独立して大学で教えることになりました。ほとんど内定していたのでしょうが、審査のために論文を書かなければなりませんでした。かれはわたしに論文の書き方を教えてくれと言ってきました。そこでわたしは二つのことを申しました。文は「である調」で書け、注は多ければ多いほどよい、という二点です。「そうか」と言ったかれは、少しして立派な論文を書き上げました。初めて書いた論文とは思えない出来映えで、いまでも、その主題に関する参照文献になっています。

わたしが友人に与えたサジェスチョンは、卒論を書こうとしている学生たちへの右に紹介した説明よりも、さらに謎めいているでしょう。かれは編集者として、長年にわたって多くの論文やエッセイ、批評文などを読んでいました。学生向けの右の説明のようなことは、十分心得ていたはずです。たぶん、わたしのアドヴァイスなど無用だったのかもしれません。それでもわたしの二言は、かれに自分の知っていることについての確信のようなものを与えたのではないかと思います。本当に理解してもらおうとするならば、そのひとの知っていることに基づいた説明を試みる必要がある、ということです。本書において初めて、わたしは論文とは何かを知らないひとに、分かってもらえるような説明を試みたいと思います。非常な難題です。本書全篇を通して理解してもらえればよい、と考えていますが、その糸口となるのが本章で、本書のなかでわたしが最も重要と考える部分でもあります。

1　作文にも主題がある

『新明解国語辞典』の挙げている①と②を合わせたものを広義の「論文」としましょう。その広義の論文に該当しないような文章とは何なのでしょう。詩歌や小説など文学作品は、いかなる意味でも論文ではないでしょう。しかし、伝記となると文学なのか論文なのか、判断に迷います。「作文」や「感想文」は、文学ではありませんが、論文なのでしょうか。それとも文学でも論文でもない別の種類の文章なのでしょうか。どこかに区分けしたい、というわけではありませんが、あいまいであるのは確かです。「論文」を囲むグレイゾーンが見えてきます。この曖昧さは、学術論文とは何かを理解するうえにも、少なからぬ影響を及ぼします。右の辞典が例として挙げている「論文形式の試験」がよい例です。その実態は、単なる作文、感想文のようなもので、「論文形式」の入学試験を受けて大学に入ったひとは、入試にあった「論文」こそが論文だと誤解するのではないでしょうか。大学にとってはスキャンダルだと思います。紛らわしさの大元にあるのは、単なる作文にも「主題」がある、という事実です。

記憶にある最初の「作文」は、小学校の低学年のときのことです。一年生だったような気がします。遠足に行った数日後、その遠足について作文を書きなさい、という課題を与えられました。何を書いたのかは覚えていませんが、そのとき教えられたことは、今も鮮明に記憶しています。たぶん、早めに提出した誰かの作文を読まれた先生が、「そして、そしてと書くのはいけません」というコメントを、クラス全員に与えられたのです。なぜかわからぬままに、わら半紙に書きつけた自分の作文から、大急ぎで「そして」を消しにかかりました。質の悪い紙がくしゃくしゃになり、黒くなったのを覚えています。そして、「そして」はトラウマのようになり、長らく、文章をつづるときの禁則として、わたしの心をしばりつづけました。
では何故、「そして」はいけないのでしょう。当時は何も考えませんでしたが、いまでは分かります。「そして」自体がいけないのではなく、それを立て続けに使うのがいけない、というのが先生の指摘されたことでした。わたしがいま分かるのは、何故、わたしを含めて子供らが「そして」を連発するのか、ということです。「そして」を連発するのは、何について書いたらよいのか、わかっていないからです。「遠足について書く」というのは、この場合の「何」には当たりません。不十分です。「何」とはわたしの作文の主題になるべきものです。それが特定されていないと、思い出す限りのこまごました事柄を、取捨選択することなく、すべて書くほかはなくなりますから、作文は次のようなものになります。

〈朝七時に起きました。外を見ると、空は晴れていました。それから朝ごはんを食べて、○○君を誘い、学校へ行きました。××君が遅れてきました。そしてみんなで△△駅に行き、電車に乗りました。電車のなかではA子ちゃんがお菓子を取り出したので、それはまだ食べてはいけないんだよ、と言いました。そしてB子ちゃんが構わず食べ始めたので、ちょっと喧嘩になりました。そして、○○君も僕もキャラメルを食べました。僕のは明治クリームキャラメル、○○君のは森永ミルクキャラメルでした。そして、◇◇駅に着きました。……〉

いま、これを創作（?）してみて、小学校の教室で、「そして」を消しながら、時どきはそれを「それから」に書き換えていたことを思い出しました。「そして」は「その次に」の意味で、この時間的な順序だけが、文章を構成する方針になっていたわけです。もしも、遠足に行って一番面白かったことは何でしたか、面白かったことがたくさんあるひとも、よくわからないひとも、ひとつ決めて、それについて書いてください、と言われていたなら、随分違ったものになったかもしれません。「B子ちゃんの面白キャラ」について書くのと、「多摩川の水遊び」を書くのでは、構成がまったく違ってくるはずです。

作文と同様、多くの人が書いた経験のあるのが、感想文かと思います。ほとんどの場合は図書が素材になっていて、それを読んで感想を書きなさい、というものです。その本を読み、何らかの感想をもたなければ、感想文は書けません。その本が「遠足」に相当し、感想が「面白キャラ」や「水遊び」に相当する主題です。

このように、主題は作文や感想文にも必要です。それどころか、団欒の会話にさえ、主題があります。話題のことです。会話なら、「そういえば」と言って話題を移すことは、いつでもできます。しかしそれまでの間、そこにいる人びとは、その場の話題に沿って話そうとします。突然、話題とは無関係なことを言い出すひとがいると、誰もが驚きます。暗黙のうちに主題がその場を支配しているからです。ましてや論文に主題は不可欠です。そのことは同時に、主題があるというだけでは、学術論文を他の文章から区別することはできない、ということをも意味しています。論文において主題が重要であることは言うまでもありません。主題については、のちほど詳しくお話しします。当面は、論文とは何かという問題を追うことにします。

2　批評と論文

作文や感想文は、多くのひとが、初等もしくは中等教育のなかで取り組んだことのあるものと思います。しかし、その際、優れた作文や感想文の模範が与えられるということは、あまりないのではないかと思います。つまりその書き方を教えられるということはなく、とにかく書いてみなさい、書けたものを持ってくればコメントします、という教え方なのではないかと想像します。それが、卒業論文に関してわたしがお茶を濁してきた態度だったことは、既に告白してあります。

それに対して、批評文は、若者が積極的に読んでいる文章の種類で、かれらの「論文」理解に強い影響を及ぼしている、と思います。関心の対象はさまざまです。小説でもよければ、演劇、あるいは映画でも構いません。クラシック音楽はもとより、ポップスでも同じです。なにか「情報」を得ようとするなら、誰もがインターネットで検索をかけるでしょう。すると出てくるのはことごとく批評文で、ことはラーメンにまで及びます。批評文的「情報」に囲まれている大学生の多くは、論文を批評文のようなものだと考えて卒業論文に取り組もうとしている、とわたしは見ています。この見方に立てば、論文とは何かを説明するには、それが批評文とどのように異なるのかを理解してもらうことが、決定的に重要となります。しかも、往々にして区別は微妙です。批評文の典型は、言うまでもなく、文学、音楽、美術などに関する藝術批評ですが、学問的な批評もあれば、批評的なスタイルの論文もあります。ここで注目すべきは、それぞれの主題ではなく、文章のスタイルです。文章のスタイルの違いが問題なのは、それが論のはこびを規定するからですし、批評文が批評を批評たらしめるのと同様、論理的な文、その議論のはこびが論文を論文にする、と言うことができます。

ここで、クラシック音楽の批評文を参照します。この選択は、わたしの好みによるもので、比較的読む機会が多いという理由からです。いま申しましたように、若者たちのまわりにあふれているのは批評というジャンルの文章というよりも、批評文です。ここで例として取り上げるのは音楽批評ですが、注目するのは、その文章のスタイル、言い換えれば語り口です。少し長めの文章を二つ挙げます。最初のものは、ヴァルター・ギーゼキングというドイツの名ピアニストが、一九五三年に東京で開いたコンサートでの演奏を（何年ものちに振り返って）語ったもので、二つ目は、作曲家のグスタフ・マーラーについて、東欧に育ったユダヤ人という点に注目して、小説家のカフカとの類似性を論じた文章です。著者たちが、何をどのように語っているかに注目して、読んでください。

私は、あんなにきれいで明確な輪郭をもった音が、よどみなく流れ、必要に応じ、いつでもビロードのような手ざわりの、やわらかで深々とした音の出せるピアニストなど、それまでにきいたことがなかった。全体として、ベートーヴェンをひいても、ブラームスをひいても、明るい音色が勝っていたことも思い出すのだが、一口に明るいといっても、決して単調ではなく、その中で実に多彩な音色の変化があり、ニュアンスの濃淡があった。燦然たる輝きをもって光りのながれのようにすぎさっていく音の群れとか、立ちどまっているのか前進しているのか、ちょっと見わけのつかないような、微妙な歩みで、光の中から影の中に踏み入ったりしながら、歌われる旋律の美しさ。〔……〕（吉田秀和『世界のピアニスト』、新潮文庫）

マーラーの子供時代のこと、彼の父はことあるごとに母を怒鳴りつけてぶちまくり、そのたびに母ははげしい悲鳴を上げた。いたたまれなくなったグスタフ少年が家から飛び出すと、外では〈いとしのアウグスティン〉を陽気に奏でている手回しオルガンのひびきが聞こえてくる。彼は父の怒号と母の絶叫、それに外の陽気な曲とのあっけらかんとしたギャップに身を引き裂かれる思いをした。彼の「ひびき」の原体験はここにはじまる。〔……〕

当時のユダヤ人たちは根をもたないがゆえにどこへでも移動自由。おいしそうな話のあるところには鼻をきかせて首を突っ込み、貪欲にあらゆるものを呑み込もうとした。マーラーの音楽は当時の音楽のあらゆる形式をとり入れ、それだけではまだ足りず現実の音さえ組み込んだ。交響曲はいたるところ「歌」を織り込まれ、『ファウスト』と張り合い、東と西、生と死との合体さえも目指してこれでもかこれでもかと肥大化して行った。

それはまさにカフカの「雑種」（小品のタイトル）に似て、相反する性向をいっぱいに詰め込んで皮膚がパンパンになり、いまにも張り裂けんばかりになりながら、なおも皮膚面積を広げようとやっきになる自己拡大の欲望にとり憑かれた衝動そのもの。皮膚が破裂しかかるだけではない。彼が子供時代に体験したあの怒号と悲鳴、それと陽気な音楽との対立、つまり世の中はアイロニカルな矛盾でしか成り立ちえないのだという「世界認識」が彼の音楽のなかに塗りこめられている。（喜多尾道冬「マーラー・ブーム、到来す」、ONTOMO MOOK『クラシックCD 二〇世紀の遺産探究・一九五〇〜一九九九年』、音楽の友社、所収）

同じ批評文であっても、この二つの文章の肌合いは非常に異なります。多様な文体を許容するということの事実は、批評が文学的な性質を濃厚におびていることを、示しています。

この文学性は、吉田氏の文章において顕著です。氏が語っているのは、音楽の演奏という言わば一過性の現象であり、しかも二〇年以上前の演奏なので、当然、確かめることのできるものではありませんでした。しかし、同じ演奏を聴いていれば誰でも確かめられた、ということでもないでしょう。それでも、この文章が不正確な記述だという印象はありません。むしろ、ピアニストの「音」がその通りだったのだろう、と思わせられて、氏の記憶力にも驚嘆します。氏はこの文を正確に書こうとしています。批評は正確であることを必要とします。正確でなければ、読者を納得させることはできないでしょう。しかしその正確さは、学問の論証とは異質です。ここでは、対象が音楽であることも大いに関わっています。音楽を言葉で語るにはどうしてもメタファーに頼らざるをえません。そのメタファー表現は、過ぎ去った現実を価値づけ（「燦然たる輝き」）、読み手の情感に訴える抒情性（「光の中から影の中に踏み入」る）に彩られています。吉田氏の批評文は、文学的な正確さとでも呼ぶべきものを実現しています。

喜多尾氏の文章は、演奏ではなく作曲家を論じたものですから、この作曲家の作品が好きなひとは、これについて共感したり異論を述べたりすることができます。しかも、そのマーラー論は、作曲家自身の子供時代の経験についての証言とカフカの小品「雑種」を主たるよりどころとしていて、「世の中はアイロニカルな矛盾でしか成り立ちえないのだという〈世界認識〉」という核心の直観は、整合的に論じられています。マーラーとカフカを重ねあわせることは、おそらく他に類例のない独創的な見解でしょう（喜多尾氏はドイツ文学者でもあります）。印象批評的な吉田氏の演奏評と並べると、ここには学問的な性格さえみとめられます。しかし、マーラーとカフカが類似の性格を共有しているというのは、直観によるアナロジーであって、論証になじむようなことがらではありません。喜多尾氏の批評文も、その正確さを文章の文学的な説得力に負っています。

このように批評文の多くは情感的な価値づけのうえに成り立っています。情感的文章には、情感的に反応したくなります。そこで、この種の文になじんでいるひとは、自分でもそのような文章を書きたくなるのではないでしょうか。今では、ブログやフェイスブックなど、素人が発信する手立てがいくらでもあります。大学生のなかでも、何かについてマニアックな関心をもつひとは、批評文を読み、さらに熱意が昂じると、自分でもそれを書いてサイトの「レビュー」欄に投稿する、という環境がわたしたちの周りにはあります。その結果、論文を書こうとするひとが「自分は論文というものをよく知っている」と思っている場合、批評文を論文だと思い込んでいる確率が非常に高いと言えます。

困るのは、論文がそういうものではないからです。既に指摘したように、どの大学でも、また、論文指導に当たられている先生はどなたも、「論文は感想文やエッセイ、批評文などとは違う」ということを指摘されているはずです。この区別は論文を書くうえで決定的に重要なことですから、ここでよく理解してほしいと思います。右に挙げた批評文の目立った特徴は次の二点であり、それがそのまま論文との違いになります。

①一人称的な文章であること
②価値評価を下そうとしていること

この二点はつながりあっています。価値の判定は評価を行うひとと深く結びついていて、その評価は「わたしの考えでは〜である」という性格を帯びています。確かに哲学者たちは、価値の客観的な基礎づけという難題に熱中します。それは、価値の客観性（誰にでも同じ価値として当てはまること）が自明ではないからです。むしろ、異論があってこそ価値だ、とわたしは考えます。一人称性、つまり「わたし」の意見であることと、価値評価は一体となって、情感的な文章を生み出しています。鋭いひとは、異論を唱えたいと思っていらしたかもしれません。右の批評文はどれも、一人称では書かれていないし、何かについて、それがよいとか悪いとか主張しているわけではない、という異論です。その通りです。わたしが言っているのは「一人称的」ということです。一人称で書くなら、エッセイ（随筆）になります。エッセイなら「わたしはこう思う」とか「思った」と書くでしょう。しかし、批評文はあくまであるひと（何か重要な仕事をした人であるのは言うまでもありません）について、あるいはイヴェントや作品について論ずるものですから、文章はあくまで三人称で書かれます。しかし、「わたしは〜と思う」と言わずに、その思いや評価を対象の性質として語るのが批評文です。「わたし」はその文章の柱であるにも拘わらず、隠されています。批評の一人称性は、屈折しています。

また、価値評価ということについても、広い意味で考えてください。単によいとか悪いというだけが価値評価ではありません。藝術家やその作品を相手にするとき、そのような評価だけでは批評とは言えません。その特質を捉えることこそが重要です。喜多尾氏がマーラーについて指摘した「世界はアイロニカルな矛盾で成り立っているという認識」は、単なるよし悪しの問題ではありません。しかし、それがマーラーを大作曲家たらしめている特質のひとつである、という意味で価値なのです。批評は強い主張を含んでいます。その強い主張内容を読者に納得させる手だてが、文学的な「正確さ」でした。批評文における「価値」は、この「正確さ」と一体のものです。一人称的と価値評価をこのような意味に理解したうえで、それらが情感的な表現に結晶してくるということを加味して考えて、そのような批評文の対極に論文がある、とするなら、論文の特質は、次のように捉えることができます。

（1）一人称的な要素を排除する
（2）価値評価を差し控える
（3）情感的な発言をしない

これらの特質は、これまで説明してきたことですから、繰り返す必要はないでしょう。しかし、「～ではない、～しない」という否定形の言い表していることは茫漠としています。「論文は感想文やエッセイ、批評文などとは違います」というだけでは理解が行き届かないのも、説明が否定形でしか与えられていないからです。そこで、論文の文章を取り上げて、批評文との違いを具体的に確かめることが不可欠です。このような目的で、音楽学者の書いたマーラーの伝記の一節を参照することにします。右に挙げた喜多尾氏の批評文と対比する意味で、作曲家の生涯の同じ時期、すなわち、幼少期とウィーンに出たころに関する記述を次に挙げます。

ボヘミアに生まれ、ドイツ語を話すユダヤ人の音楽的環境は、ユダヤとスラヴとゲルマンの民族的な要素が渾然一体となったユニークなものであった。成功したユダヤ人の家庭の一員として、ドイツ・オーストリア音楽に教会のなかで触れると同時に、イーグラウに駐屯していたオーストリア軍の軍楽隊の街の広場での行進曲に強く魅了される。さらにグスタフは、父親の仕事場に出入りする職人や商人や女中を通して、モラヴィアの民謡をおぼえ、ボヘミアの音楽家たちのバンドのかなでる舞曲に心をおどらせていた。おそらくこのようなマーラーの渾然一体となった音楽的環境の一部を最もよく象徴しているのは、『交響曲第一番』第三楽章の「狩人の行進曲」のボヘミアの音楽家の行進曲や、『子供の魔法の角笛』の随所に出現してくる兵舎のラッパの響きであろう。

〔……〕

ボヘミア生まれのユダヤ人マーラーが、一九世紀末の国際都市ヴィーンで学んだという事実は、きわめて重要な意味をもっていたといってよいだろう。ユダヤとスラヴとゲルマンの三つの民族的な文化圏で育ったマーラーは、一方では多様な音楽文化の伝統に触れることができたと同時に、一方ではそのどの民族、どの文化にも帰属していないという疎外感を味わわなければならなかったのである。マーラー自身が後年、「私は三重の意味で故里のない人間だ。オーストリア人のあいだではボヘミア人として、ドイツ人のあいだではオーストリア人として、全世界の国民のあいだではユダヤ人として」と語っているのは有名である。マーラーは、この「アウトサイダー（部外者）」としての意識に生涯つきまとわれ、最晩年にニューヨークであるドイツ人のジャーナリストに国籍を問われた時には、ジャーナリストの期待する「ドイツ人」とはまったく別に、「私はボヘミアンです」と答えている。「招かれざる客」と「根なし草（デラシネ）」としてのマーラーは、十九世紀末のナショナリズムの音楽の嵐のなかで、「トランスナショナリズム」（E・A・

リア）の音楽を創造することになるのだが、そのマーラーの創造の方向の決定に、十九世紀末の超ナショナリズムの国際都市ヴィーンが果した役割はきわめて重大であったといわなければならないのである。（船山隆『マーラー』、新潮文庫）

船山氏のこの著書は文庫への書き下ろしで、純粋な学術書ではありません。従って、本書が主として対象として考えている卒業論文を書こうとしているひとにとって、全面的に手本となるようなスタイルではありません。それでも、学者の書いた伝記として、喜多尾氏の批評文とは明らかに異なる特徴が見られます。船山氏の「アウトサイダー」＝「根なし草」が、喜多尾氏の「アイロニカルな矛盾」に対応する作曲家の特徴を指している、と言ってよいでしょう。しかし、ここには、まず、情感的強調表現は見られません。それと深く関連することですが、ここには一人称的な性格が希薄です。一人称的とは、書き手の個性を表現するということですが、船山氏の文章は、むしろ対象であるマーラーというひととその音楽を語ろうとしています。その音楽の特徴は「トランスナショナリズムの音楽」に求められていますが、この形容はE・A・リアというひとから借りたものであることが、注記されています。学問の世界にある概念を借りることによって、客観的な捉え方を心がけているという印象です。従って、パトスに訴えかけて共感を求めるよりは、冷静に事実を指摘して、対象の特質を浮かび上がらせる、という姿勢がみられます。この意味で、価値評価を抑制している、ということができます。

批評文の一人称的スタイルと、論文における事実に立脚した論理的議論という対比は、それぞれの主張内容に深く関わります。論文とは自分の考えを述べるものだ、という考えは多くのひとが当たり前のことと受け止めています。しかし、その「自分の考え」がどのようなものであるかは、決して明らかではありません。単なる好き嫌いも自分の意見ですが、そのようなものから天才的な哲学者の思想や作家の世界観まで、さまざまな形態があります。これらを区別せずに、〈論文は自分の意見を述べるものだ〉と考えるのは、軽率です。ここで検討の素材としてきたマーラーに関する文章に即して考えるかぎり、「自分の考え」は批評文においてより鮮明だ、と言わざるを得ないでしょう。事実と論理による考えは個人的な差異をあまり生み出すものではありません。それに対して、アナロジーの直観はそのひとにしか見られないという個性を示すことが多いことでしょう。論文に「自分の考え」は要らない、というのではありません。優れた論文は、他には見られない独自の考えを提示していて、それがその論文の価値となっている、と言っても過言ではありません。しかし、その「独自の考え」を、批評文の個性的な考えと同一視することはできません。この「自分の考え」は、本書を通して繰り返しお話ししてゆきます。ここでは、少なくとも次のことを、論文の特徴としてつけ加えておくことにします。一層の検討が必要な、重要なポイントです。

（4）「自分の考え」を強く打ち出しているのは、論文よりも批評文である。

3　真似るために論文を読書する

以上の批評文との違いの説明を通して、論文がどのような文章であるかの理解は、相当に進んだことと思います。かなり長い作例を挙げておきましたので、多少とも具体的なかたちで、論文の特質を示すことができたはずです。しかし、何度も繰り返しているように、論文の何たるかの真の理解は、自分で論文を書いてみるという能動的な関わり方を通して、身体で覚えるほかないものです。そこには循環した関係があります。論文が何であるかを分かっていなければ書いてみることはできず、書いてみなければ、論文の何たるかは分からないのです。まえがきにおいて指摘し、第一章の4で説明した「分かる」と「作る」の相関性です。このような堂々巡りの状況について、それを乗り越えるには、その輪のなかに飛び込んでみるほかはない、ということに相場が決まっています。現に、だれもがそのようにしています。あいまいな理解のまま論文を書き始めるのです。しかし、卒業論文を書くひとのほとんどは、一度しか論文を書きませんから、その経験は中途半端なものに終わりがちです。本書を著すわたしの狙いは、その経験を可能なかぎり成熟したものにしたい、博士論文や学会誌への投稿論文を書くひとの場合なら、誤りなく学術論文に仕上げるための一助となりたい、ということにほかなりません。

この目的のための第一歩として、批評文との違いを説明してきました。「論文は感想文やエッセイ、批評文などとは違います」という否定形の、抽象的説明の欠点を克服するために少し長めに作例を挙げました。しかし、これだけで十分に、論文の何たるかを分かってもらえる、と考えているわけではありません。比較のために好都合であるようにと考え、マーラーに関する伝記的な文章を参照しましたが、それは学者の書いたもので論文のスタイルによっていますが、論文ではありません。そこで、論文とは何かということを（自分で書いてみる以前に）理解するためには、本物の論文を読んでみることが重要になります。普通は、その内容を知るため、学ぶために論文を読むのですが、論文とはどういう文章かという点に注目して、論文を読んでみてください。これは練習問題のひとつだと考えて、とばさないことを勧めます。その場合、まず、どのような論文を選ぶか、ということが問題になります。これについては、次のような方針がよいと思います。

（1）卒論ゼミ、論文指導などで、先生の指導を受けている場合には、その先生に推薦していただくのがよいでしょう。当然、あなたの研究分野について書かれた定評ある論文で、しかもあなたの理解力を考慮して推薦してもらえるはずですから、好都合です。

（2）独習しているひとの場合、短かすぎずまたあまり長くもない論文を数本、できれば五本くらい読むのがよいでしょう。自分の専攻に合わせ、その分野の主要な学会が発行している学術誌から選ぶのがよいと思います（その学会誌そのものは、先生か学問をしている先輩に教えてもらう必要があります）*。通例、学会誌は掲載論文の長さについてかなり厳格な規定をしています。論文とは何かを学ぶという目的にとって適当な長さとは、原稿用紙三〇～四〇枚前後でしょう。** 五本読む場合には、すべて別の著者の論文を選ぶのがよいと思います。ひとによって書き方が異なる場合があります。

(3)第一節、第二節……（あるいは本書のように1、2……）という区別があり、かつ、そこにその節の内容を示す見出しのついているものがよい（理由は、以下に説明します）。

(4)学会誌の場合、ほとんど言うまでもないことですが、必ず注が豊富についている論文を選んで下さい。その注も、引用の出典箇所を示すものだけでなく、文章で書かれた注でなければなりません。

* 本書の著者として、わたし自身の論文をモデルとして挙げるべきかもしれません。そうしたいのですが、ここで念頭においている論文のスタイルで書いたものは長篇が多く、適当な長さのものがあまりありません。学会誌に掲載されたものを挙げておきます。

「作者の誕生――そのアリバイをめぐる近世美学史」、『美学』第一五九号、美学会、一九八九年、一～一一ページ

これは次に挙げる『18世紀美学史の研究』に、増補のうえ収録していますし、そのあとに併記してある単行本についても、その各章は論文のモデルとしていただいて構いませんが、いずれもここに示した長さの標準を超えています。

『ディドロ《絵画論》の研究』、中央公論美術出版、二〇一三年、九七二ページ（箱入三巻）

『フランスを中心とする18世紀美学史の研究――ヴァトーからモーツァルトへ』、岩波書店、一九

九九年、六〇五ページ
『作品の哲学』、東京大学出版会、一九八五年、三八七ページ
『せりふの構造』、筑摩書房、一九八二年、二六二ページ。一九九四年、講談社学術文庫、三二九ページ

＊＊　いまでは原稿用紙を使うひとは稀になりましたが、文章の字数を表すときに、その尺度として慣例的に使われます。原稿用紙一枚は四〇〇字です。三〇～四〇枚とは、一万二千字から一万六千字に相当します。ワープロの字数表示の場合なら、「空白を含んだ数字」ですが、一行の字数が違うので、微妙に差がでます。いずれにせよ概数なので、一万～一万五千字くらい、と理解してかまいません。

手本となる論文を選んだなら、その論文のなかの何に注目して読むか、ということが問題になります。この場合の読書の目的は、自分が論文を書くということを念頭に、あくまで論文とはどのような文章であるのかを理解することです。まず、普通の読み方で、内容を理解するために、要約のノートを取りながら読んでください。ノートの取り方については、以下の第四章に説明してありますので、それを参考にしてください。そうして読み通したなら、今度はそのノートを読み返すことが大切です。その際、注意を向けるのは、その論文の内容よりも、その内容を表現している形式的な特徴です。具体的に言うならば、注目点は次のようになります。

（1）著者は何を主張しているのか。言い換えれば、著者がその論文を書いている目的はなにか。

（2）著者はその主張を述べるために、どのような論法を使って、読み手を納得させようとしているのか。この場合の「論法」とは、「どのような順序で」、と考えていただいてかまいません。

（3）その論法もしくは順序は、大きくどのような部分に分かれているか。この「部分」はほとんどの場合、「節」と一致しますが、ときには、第一節、第二節……という分節が明示されていない場合があります。節の区別が明記されているなら、そこに見出しがつけられていて、その節の主題が示されていることも少なくありません。しかし、数字で区切られているだけであるとか、その区切りもない、という場合には、読むひとの方が、それを判断しなければなりません。ですから、初学者にとっては、この区切りと見出しのついている論文を選ぶのが無難です。

（4）節は段落《パラグラフ》によって構成されています。この段落ごとの構成、その内部がどのような議論の運びになっているか。

（5）注は、どのような箇所に、どのような趣旨でつけられているか。

論文には必ず「主張」があります。それは、著者の「自分の考え」に相当します。しかし、漠然と考えられているような「自分なりの意見」とは違います。右の観察を通して、既に、その「考え」が論文の場合と批評の場合では違いそうだ、ということを「感じて」きました。エッセイにふさわしい「考え」があり、批評として取り上げるべき「考え」があるのと同様、論文に特有の「考え」があります。それを理解するのが（1）の狙いです。作例に当たってみるなら、論文が提起する著者の「考え」が、情感的な思いや、人生観的な意見などとは異なることが分かるはずです。それは、硬い言葉で言えば学説に相当するものです。「学説」と聞いてひるむひとがいるかもしれません。しかし、その必要はありません。ここで学説というのは、それぞれの領域において問題とされうる事柄についての考え方のことで、初学者だからと言って無縁のものではありません。

論文によって書かれるべき「考え」は、それを展開する論法と深く関係しています。その点に注目するのが（2）〜（4）です。ひとつひとつの段落は、論文全体を統括する論法の、いわばミクロなモデルと見ることができますから、念入りに検討する価値があります。どの段落も同じパターンとは限りませんし、議論の道筋が明瞭な段落もあれば、あまり明瞭でないものもあります。論文というもののスタイルを学ぶ、という目的にとっては、当然、かたちのはっきりした段落に注目すべきです。また、段落の構成法は、ここであなたの取っている要約的ノートでは抜け落ちてしまうところもありますから、あらためて、虫眼鏡を当てて見るようなことも必要になります。

（5）の注については、文章で書かれているものが対象になります（出典注〔第七章の5〕を除く、という意味です）。本文に書かれていることと注の内容との違いに、注目して下さい。どのようなことが本文ではなく注に回されているか、を理解するのが狙いです。

この論文の読書の目的は、「習うより慣れよ」にあります。技術の習得は模倣によるほかありません。以上のような注意を払って五本も論文を読めば、論文のスタイルが、身についてきます。俳句を習うと、五七五という形で言葉が口をついて出てくるのと、同じことです。それが、論文をこれから書くうえでの、準備体操になります。

4　思索的著作と研究論文

文学や歴史の分野で書かれる論文は、ほぼ例外なく研究論文です。例えば、シェイクスピアの『ハムレット』に関する研究であったり、明治維新における廃藩置県についての論文であったり、という具合です。具体的な対象があり、その対象のある側面、特徴を取り上げて、それを論じるという性格の論文です。その対象のどの側面、特徴に注目するか、という主題の絞り込みが、論文を書くうえでは重要になってきます。例えば、『ハムレット』における比喩表現を主題とすることができるでしょう。次に、この主題を中心に考え、対象を拡大して、シェイクスピアにおける比喩表現というテーマを考えることができます。さらに、エリザベス朝文学、イギリス文学と対象を拡張してゆくと、やがて「英文学」という境界を突破して、文学の比喩表現とか、単に比喩の構造というようなテーマになります。対象を広げてゆくと、研究が難しくなるのは当然です。取り上げるべき素材の量、すなわち読むべき資料の量が膨大になるからです。

しかし、わたしはシェイクスピアの表現に関心がある、というひとがいるのと同様、わたしの関心はシェイクスピアに限らず、文学作品に見られる比喩表現にある、シェイクスピアはそのひとつの事例にすぎない、というひともいるでしょう。そして事実、ひとつの作例を取り上げて、比喩表現一般を論じるひともいますし、それが説得力に富み、非常に魅力的だ、ということもあります。その魅力を感じたひとが、自分もそのような「論文」を書いてみたい、と思うのは自然です。しかし、魅力的なその文章が、論文というよりエッセイや批評ではないか、と考えてみる必要があります。論文は、具体的な事実に基づき、論理的にある考えを証明してゆくものです。

ところが、始めから、「シェイクスピア」ではなく「比喩の構造」の方を課題としている学問領域もあります。哲学や多くの社会科学は、理論的な学問です。これらの学問は、「シェイクスピア」のような特定の対象を主題とするのではなく、「比喩の構造」のような一般的問題に取り組むのが本筋です。そうすると、哲学の論文は、それ自体が哲学の著作のようになります。そもそも、哲学の著作は論文なのか、という疑問がわいてきます。哲学をはじめとする思索的な著作は、実用目的の文章ではないし、フィクションでもありませんから、「論文」としか呼べないかもしれません。しかし、ここでも「論文」という語の曖昧さが問題になります。プラトンにせよ、デカルトやカントにせよ、哲学者の著作を「論文」と呼ぶ研究者はいません。例えば、プラトンの著作とプラトンについての研究論文のスタイルは全く異なります。プラトンの著作は、戯曲のような対話篇という形式で書かれています。この形式に惹かれてそれを試みた哲学者は少なくありませんが、ディドロやヴァレリー（かれは詩人ですが、思想家でもありました）などの例外を除いて、成功したひとはいません。つまり、この形式は思想そのものの質とは別の才能を要求する「文学的」なものです。本書がその書き方を説明しようとしている「論文」は、卒業論文から博士論文までの（広い意味での）学位論文、学会誌に投稿するような学術論文で、言い換えれば研究論文です。研究論文を対話篇で書くことはできません。

「シェイクスピア」ではなく「比喩の構造」のような、一般理論的主題で研究論文を書くことは、もちろんできますし、理論的な学問領域ではそれが本筋でもあります。しかし、右に指摘したように、そのような主題について研究論文を書くには、膨大な資料を読みこなす必要がありますから、卒業論文を書こうとしている初学者には、難しすぎる課題です。例えば、いかに美の本質に関心があっても、「美とは何か」をいきなり問うことは不可能ですから、まずは、プラトンの『饗宴』における美のイデアとか、カントの『判断力批判』における美の判断などのような、限定された主題を設定すべきです。これも十分に難しい課題です。

この思索と研究の関係については、第六章の5においてもう一度、ただし少し違った角度からお話しします。右の説明に欠けているところを補うことになります。ここでは、研究型の論文が基礎になる、という趣旨でこれを論じました。

第二部　論文を書く——実践篇

第四章　基礎的トレーニング——ノートと要約

0　ダウンサイジングとしての理解

　論文とは何かについてのおおよその理解ができたなら、いよいよ論文を書く段階に進みます。卒業論文を書こうとしている学生諸君は、すぐにテーマを決めてとりかかろうとするかもしれません。ここでは、その前段階としての、いわば日常的な準備についてお話ししようと思います。大学院で専門的に学問を学ぼうとするひとなら、日々行うべきことですし、学部の学生でも、一年次から勉学の訓練としてこれを実践することができます。論文を書くうえでの基礎的なトレーニングは、理解力を鍛えることです。理解と制作は不可分だからです。具体的にいえば、著作や論文の要約がそれに当たりますし、これを措いて他にはありません。

　要約とは、理解するはたらきを作業に変えたものです。三〇〇ページの本は、そのままのかたちでは「呑み込む」ことができません。その内容を自分の言葉で説明できる、というのが理解しているということです。その場合、わたしの行う説明は、三〇〇ページのサイズのものではありえません。「丸暗記」は内容を理解していることの保証になりません。せいぜい一ページくらいのサイズで説明できて初めて、その本の内容を理解した、と言うことができます。およそ理解とは、一種の「ダウンサイジング」です。このダウンサイジングは、単なる分量の問題ではありません。その証拠に、他人の書いた要約を読んでも、一冊の本の内容はよくつかめません。自分の言葉で説明することが、理解にとっては決定的に重要です。説明するということは、説明の言葉以上のことを分かっていないとできないことなのです。わたしたちは、理解が能動的なものだ、ということを学びました。その具体的なあらわれのひとつが、ここにあります。要約はくくり上げの典型です。

これに関して、まず、教師としてのわたしの体験をお話ししたいと思います。数年間ですが、必修の授業を担当し、毎時間、授業内容の要約のレポートを課したことがあります。添削しコメントを書き、評点をつけて次の週には返却するようにしましたから、わたしの負担も大変でした。すぐに添削し、コメントを伝えないと、要約するという課題に関する受講者たちの上達を望めないからです。その授業は、わたしの著書『美学への招待』(中公新書)を教科書とし、その記述に沿って行いましたが、テクストを読むことはせず、毎時間数ページの内容を、いわば即興的に話す、というかたちで行いました。話題が話題を呼ぶようにして話しましたから、内容を把握するのは易しいことではなかったはずです。何回目かの授業のとき、「わたしの授業には、本文と注がある」という話をしました。本文は授業のなかの重要な部分で、注は余談あるいは付け足し、要約のなかでは捨ててよい部分という意味です。驚いたのは、ひとりの女子学生が、次のレポートに注をつけてきたことです。それは適切な注で、彼女は、授業の要約をしながら、本文と注はどこが違うのか、注とはなにかということを、表現するというかたちで能動的に理解したのです。本文だけをすくい取って他を捨てる、本文以外に記憶にとどめたいことがあれば注に記す、ということです。このようにして、サイズは小さくなります。第一段階のダウンサイジングです。さらに、その本文を自分の言葉で再構成するなら、その要約は右に述べた意味での説明になります。自分のなかから出てきた再話です。再話ができるということは、その内容を自分のものにしていることで、真の理解に達していることの証です。

再話はひとから聞いた話を、別の聞き手に向かって話すことですが、自分を相手にひとりで行う再話が、要約のノート取りです。論文を書くプロである研究者は、一生これを続けます。思想家や作家の作品はもとより、それについて書かれた研究論文についても、読んではノートを取ります。呑み込むために小さくするのですが、短くするにも限界があり、一言での要約は、ノートにはなりません。要約のノートとしては、もとの著作や論文のストーリー（議論の展開）をたどれるくらいの詳細さが必要です。もうひとつの要点は、原著者がこだわっているキーワードは、言い換えずそのまま残しておく、ということです。そのような用語は、論文を書く際にも、引用して使う必要があります。

1　ノート／カード／「データベース」

わたしが学生だったころ、論文の書き方に関する指導はありませんでした。伝統的な職人仕事に関して、わざは教えない、盗め、ということが言われます。それと同じ考えだったのかもしれません。あるいは、論文は教えるまでもなく書ける、と考えられていたのかもしれません。職人仕事と同じように、論文の書き方も身体で覚える必要がある、という点はわたしも同感です。教えられていなかったことなので、カードかノートか、という技法的な問題を意識したのは留学先でのことでした。確かに随分昔のことです。いまでは、学生でも、というより若い学生であればあるほど、文章を書くための道具としてだけでなく、情報の保存ツールとしてもパソコンを使っていますから、手書きのカードやノートは昔の話と思うかもしれません。パソコンを使った「データベース」については、あとでお話ししますので、まずはノートかカードかの話に付き合ってください。論文を書くことが身体で覚えることだ、とすれば、手書きの作業をおろそかにすることはできないはずです。

ノートかカードかというのは、どちらでもよい些末な問題のように見えます。それでも両者の間には、大きな違いがあります。ノートは、いましがた説明したように、要約するのに適しています。それに対してカードは、著作や論文のなかで見つけた重要な文章をそのまま書き写すものです。そのような重要箇所は、自分の論文のなかで引用することになる可能性のあるもの、言い換えれば「使える」文章です。カードをノート風に使うことは、ほとんど無意味です。それに対して、ノートをカード風に使うことはできます。要約を基本としつつ、重要箇所については、そのまま書き写して挿入すればよいのです。しかし、カードは、そこに書き写した文章がもとの文脈から切り離されて、いわば独立する、というところにその特性があります。小さな紙片ごと、ばらばらになるべきものだからです。この違いに注目すると、カードとノートは、論文のスタイル、少し強調して言えば学風の違いに関係してくる、ということが分かります。カードは、もとの著作や論文のコンテクストを捨てて、重要箇所だけを取り出すものですから、思想の断片同士を結び合わせることに適しています（これを活用したのが梅棹氏の知的生産の技術でした）。それに対して、著作を読みつつ要約してノートをとるということは、重要な箇所を書き留めるに違いないのですが、それをその前後関係のなかに置いておきます。原著者の思考の流れ、思惟と思惟との連鎖により大きな関心を寄せるものです。思索型の論文にはカードが適し、研究型の論文にはノートが適している、と言うことができます。既に述べておいたように、初学者に思索型の論文を試みることは勧められません。処理すべき情報量が膨大になり、かつ高度の思考力が求められるからです。思索の素地は理解力にありますから、まずは研究型の論文を志してください。この意味で、ノートをとることの必要性、重要性はいまも変わりません。

わたしより若い世代の研究者のなかに、データベースと称して、研究対象であるテクストの抜き書きを、電子ファイルのかたちでパソコンに保存しているひとがいました。「いました」と過去形で書くのは、今でもそのような手間をかけるひとがいるかどうか、不審に思うからです。その頃は、テクストを脇に広げ、キーボードを叩いて、それを入力していたはずです。しかし今では、テクストをスキャンし、ＯＣＲ（Optical Character Reader）というソフトウェアにかけると、相当の精度で印刷本を電子ファイル化することができます。さらに、古典的な著作を電子ファイル化して提供する図書館や研究機関が増えていますから、インターネット上でそこにアクセスすれば、電子テクストが簡単に入手できます。自分では一行も読んでいない著作まで、自分のものになります。このように、研究環境は驚くべき速度で「改善」されています。個人的に「データベース」を作成する必要などない、という状況になっています。

この便利な状況のもとでは、個人的な「データベース」や手書きのノートなど無用なものなのでしょうか。電子ファイルの最大の利点は、単語や文の検索ができることです。或る作家や哲学者の全著作について、或る単語の使用箇所を、一気に取り出すことができます。これは大きな恩恵です。しかし、困ることもあります。取り出された結果の数が多ければ多いほど、そのなかのどれが重要なのかを見分ける作業が不可欠のものになります。その重要性を測るには、それぞれの箇所を読まなければなりません。著作そのものを読んでいない場合には、これは相当荒っぽい読書です。頭脳が字面だけをスキャンしてゆく、ということになるでしょう。内容に入り込んで理解しようとすれば、結局、もとのテクストに戻って、それをじっくり読む、じっくり読むにはノートをとる、ということになります。理解するのはわたしであり、コンピュータではありません。その「わたし」とは、手と目と頭脳のループ状の回路の活動ですから、速度を上げようにも、限度があります。

もちろん、電子化された「データベース」、特にある著作の全篇とかある著者の全集をファイル化したものは、使い方次第で非常に役立ちます。キーワードを入れて検索すると、それまで注意していなかった重要箇所を見つけることがありますし、その語の使用頻度を数えるうえでは、速いだけでなく精度も高く、手仕事をはるかに超えるパフォーマンスが得られます。「使い方次第」と言いましたが、「データベース」を活用するにも技術が、あるいは少なくともコツが必要です。何かの情報をインターネットで探す場合にも、上手なひとと下手なひとがいます。どのサイトに行けばよいか、という知識が豊富かどうか、ということもあります。とりわけ誰にも必要なのは、適切な検索語を入れるということです。ただひとつの語に頼るのでなく、いくつもの同義語を用意することが欠かせません。同一の事柄を、ほかの人びとは別の語で考えているかもしれないからです。同義語を考えつく能力とは、言い換える能力のことですが、それは知性の基本的な力です（R・ヤーコブソンという言語学者は、その欠如を失語症の二つの基本型のなかのひとつに数えています）。ですから、電子ファイルを使うのは全面的に機械的な操作だ、というわけではありません。わたし自身、『日本的感性』という著書（中公新書）を書くとき、和歌の検索にこれを活用しました。この手立てによって、それまで知らなかった和歌で、かつ興味深い作例にいくつも出会いました。それでもなお、それらのうたを暗記している文学の専門家のいることを考えると、自分の得た知識が浅薄だ、という意識をぬぐうことはできません。暗記しているのは、何度も読む経験を重ね、そのうたがいわば血肉化している、ということです。

ひとの記憶と電子機器の「メモリー」との違いは何なのでしょうか。この哲学的な大問題を議論する、ここは場所ではありませんし、それに立ち入る準備がわたしにあるわけでもありません。《著作を読んでノートをとる―電子ファイルを検索する》という当面の問題との関連で、わたしが注目するのは、検索のうえでの単語と意味との違いということです。検索できるのは単語であり、意味そのものは検索することができません。例えば、ある哲学者の美の概念を研究しようとするとき、かれが「美」という語を用いて語ったことが参照されるのは当然ですが、同義語を用いたり、極端な場合にはこの類義語群のどれをも使わずに、美について語っている、ということもありえます。右に挙げた同義語による検索にも限界があります。「意味」を捉えることのできるのは、ひとの思考力であり記憶です。「自分の考え」とは、他人とは違う風変わりな考えであるよりも、まず、自分の目と手と頭を使って本を読み、ノートをとり、そのノートを読み返して、記憶の中に蓄えた、そのような肉化した思想のことであると思います。

2　雑記法

高校までの習性で、大学に入ってからも、講義ごとにノートを用意していました。受講するのを途中でやめたり、休みがちになったりした講義などは、表紙には麗々しく講義の題目が書いてあるものの、なかはほとんど白紙、という結果になったのは当然でしょう。またこのやり方で困るのは、思いついたことを書き留める場所がないことです。頻繁にあることではないので、そのために一冊を用意しておくこともためらわれました。

やがて、この融通のきかないノート法を一新する啓示がやってきました。T・E・ヒュームというひとの『ヒューマニズムと藝術の哲学』（法政大学出版局）という本です。その藝術哲学そのものには何の感興も覚えなかったのですが、そこに収録されていた、著者のノート法に関するエッセイには、目を開かされる思いをしました。その概要は次のようなものです。ヒュームは三種類のノートを用意していました。最初のものは、読書した本からの抜粋であれ、また自らの発想であれ、ジャンルにお構いなく、書き留めるべきものをすべて書く、文字通りの雑記帳です。これをジャンルあるいはテーマごとに整理して、転記するのが二冊目で、三冊目は論文の原稿を書く、という具合に使い分けていたそうです。わたしが注目したのは一冊目のノートです。三冊目は別段ノートである必要はありませんし、二冊目は、几帳面なひとのやる整理であって、無駄な労力のようにも思われました。ところが、一冊目のヒューム式ノートは、まさに目から鱗の落ちる思いのものでした。それまで、わたしは、いわばすべてを二冊目型にし、それに加えて雑記帳を持とうかどうしようか、と思い悩んでいました。ところがヒュームのやり方は、いわばすべてを雑記帳にするものでした。早速、わたしはこれを採用することにしました。

ノートを一冊にし、読書ノートであれ、ときおりに得た発想であれ、また、授業中に得た散発的な情報も、ここに書き記すようにしました。自分の研究上の着想を書き残すようになったのは、このノート法をとるようになったあとのことです。このようにしてみて、面白い発見をしました。自分ではすごい発見だ、インスピレーションだ、と思って書き記したものが、あとから読むと、何が面白かったのか分からない、ということもあります。また、そのような「発見」が、実は数か月前にも書き残されているのと同じだった、ということも珍しくありませんでした。このことは、熱狂がやや滑稽な面をもつことに気づかされる機縁にもなりました。また、それまでは、メモを残さずに忘れてしまった発想がいくつもあると思い、それを惜しむ気持があったのですが、実はそのようなものはない、という確信を与えてくれるものでもありました。少々寂しい思いはしましたが、安心感を覚える事実でもありました。興味をもたれた方には、是非実践されるよう、お勧めします。

3　ダブル・ノート法

雑記法は入口にすぎません。しかも相当長い研究生活を見通して初めて、役に立つと言えるものです。わたしは今でも、過去二〇年分くらいのノートを机上に並べ、おりおり参照しています。大学の四年間でも、始めからこのノートを書いているなら、それなりの効果が期待できます。しかし、いま、特定の主題があり、それについての論文に取り組んでいる、という場合には、その課題に集中したノート法があります。留学して博士論文に取り組んでいたときに、自然とたどり着いた研究法をお話しします。当時わたしはマルブランシュというフランスの哲学者の研究をしていました。このように、或る思想家や作家を取り上げ、そのなかでテーマを設定するという、ごく標準的な研究論文を準備しているひとには、以下のノート法が参考になるかと思います。

最初になすべきは、そして延々と続くのは、対象とする思想家や作家の著作を読むことです。わたしは、マルブランシュの著作をひもときつつ、二種類のノートを取るようになりました。ひとつは、著作を、著者の議論のままにたどりつつ、その要約を記す、ごく普通のノートです。これは著者の思想を理解するために行うダウンサイジングの試みで、欠かすことができません。もうひとつは、大判のルーズリーフを数枚用意し、適当なスペースを空けて、キーワードとなる単語を記し、テクストのなかでそれに該当する箇所に出会うと、その箇所を著作の略号とページ数でメモしてゆくものです。つまり、一種のインデックス（用語索引）ですが、その論文のための自分用のもので、読書による理解をくぐり抜けています。汎用的に編集されて出版されている索引とは異なり、重要性の判断と取捨選択の結果です。さらに、先ほどの区別で言えば、単語ではなく意味に従って書き出している（つまり、当のキーワードが、その箇所に出てこない、ということもある）のが、最大の強みです。当然、同一の箇所が、複数のキーワードに関係づけられるケースが出てきます。ときには短い注記を添え、特に重要な箇所は下線を引くなどして、読書の経験を反映させます。これらのキーワードは、親近性のあるもの同士を紙の上でも近くに置くようにしますが、遠い関係だと思っていた二つの概念の親近性に、あとから気づくこともあります。その場合には線を引いて、二つの概念を関係づける、という具合で、このルーズリーフは、一見したところ無意味ななぐり書きのような様相を呈するでしょう。他人が見ても何の参考にもならないでしょうし、長い時間がたつと、自分で見返してみても、「解読」できないかもしれません。

著作の要約のノートが基礎であるのは間違いありませんが、論文を執筆するうえで重要なのは、この乱雑なルーズリーフの方です。そこに著者の議論からわたしの議論への組み換えの基盤があるからです。問題意識をもってテクストに向かい合うとき、既に変形が始まります。理解とは何か、ということをお話ししました。自分で作ることが理解するということであり、その「作る」こととは、いくつもの経験をひとつの概念へとくくり上げてゆくことだ、という趣旨です。数学の公式を習得することもくくり上げなら、「もののあはれ」のような抽象的概念を理解することもくくり上げです。わたしたちが知的に豊かになり成長してゆくとは、くくり上げの幅を広げ、くくり上げを重ねて、より高次の思索に入ってゆくことです。数学の公式の理解に個人差はありませんが、「もののあはれ」の場合には、理解に微妙な個人差があり、それが文系の思索の財産になる、ということもお話ししました。理解とは変形である、と考えてゆくならば、この変形こそがわたしの理解で、その理解を突き詰めてゆけば、論文のテーマが見えてくる、と期待することができます。

ちなみに、わたしは今では網羅的にキーワードを書き出すことはなくなりましたが、それでも、要約のノートを読み返すときに、キーワードを拾い集めるというかたちで、簡略化したダブル・ノート法を実践しています。

第五章　論文の主題を見つける

0　「カントをやりたいと思います……」

いよいよ、論文を書く過程に入ります。主題を決めなければ始まりません。これは、実のところ、「論文とは何か」の理解と並んで、最も難しい課題です。論文指導の際、最初に、自分で主題を考えて来なさい、と言っておきます。すると、それを考えてきたひとでも、まず例外なく、「カントをやります」、「シェイクスピアをやりたいと思います」というように答えます。これが主題だとすると、論文は「カントについて」とか「シェイクスピアについて」というようなものになります。確かに、そのような本がありますが、案内書のようなものであって論文ではありません。論文を書くのであれば、これは対象を選んだだけで、それが主題というわけではありません。「カントにおける美と善の関係」とか「シェイクスピアの宇宙観」というように、論じる問題を絞り込んで初めて主題になります。この絞り込みは、対象となる哲学者や作家の作品の内容の理解を必要としますし、候補となる主題はいくつも思い浮かぶはずです。それらの問題点を理解したうえで初めて、ひとつを選ぶことができます。これはかなり実質的な知的作業で、そのため、この絞り込みに何か月もかかる、というひとが珍しくありません。しかも、それだけでは済みません。論文は、その「美と善の関係」「宇宙観」がどのようなものであるかを論じるものです。この「どうであるか」こそ、あなたの「自分の意見」であり、博士論文ともなれば不可欠です。これをテーマと呼ぶことにします。「主題」と「テーマ」は、単語としては同義語と言えますが、ここからはこのように区別することにします。論文の骨格は「何（「美と善の関係」や「宇宙観」など）がどうであるか」を論証することですが、この「何」が主題、「どうである」がテーマです。テーマは研究を通して徐々に見えてくる、ということもあります。しかし、研究を始めるために、主題は設定しておく必要があります。

主題をめぐることのあらましは、既に、「論文とは何か」の章でお話ししてあります。論文とは何かを十分に理解したひとは、主題の問題も理解しているはずです。書こうとしている論文の主題を見つけるのも、難なくクリアできるかもしれません。具体的に考えてゆくことにしましょう。

1　対象・主題・テーマ

「カントにおける美と善の関係」、あるいは「シェイクスピアの宇宙観」を手がかりにしましょう。論文の題目あるいはタイトルに相当するものです。ここには対象と主題が示されています。カントやシェイクスピアは対象で、「美と善の関係」や「宇宙観」が主題です。それぞれの主題が「どうであるか」を論じなければなりません。この「どうであるか」を述べるのが論文です。これが論文のテーマ、すなわちあなたがその論文で主張しようとしていることなのですが、ここには示されていません。「論文とは何か」の章において、わたし自身の書いた論文のなかで適当なサイズのものとして挙げた「作者の誕生」という論文があります（四〇頁）。これは藝術思想の歴史に関する研究ですが、特定の思想家を対象とするものではなく、思索的な論文です。このタイトルは、「作者」というものが或るとき「誕生した」という主張を示唆しています。このように、論文のタイトルのなかには、主張するテーマを含意しているものもありますが、「シェイクスピアの宇宙観」のようにテーマを明示しないものもあります。テーマは研究を通して初めてはっきりしてくる、とすれば、少なくとも卒業論文のように、最初に主題（題目）を決めて提出しなければならない場合には、明示しない方が無難です。

二つの例に即して言いますと、右に書いたように、ほとんどの初学者は、当初、カントやシェイクスピアが主題であると思っていました。しかし、ここに例として示したタイトルにおいて、カントやシェイクスピアは主題ではなくなっています。論文のテーマは、「AはBである」と表現することができます。Aが主題で、Bがテーマです。Aについて、いろいろな考えがあるが、わたしはBと考える、というのが論文を書くひとの主張です。繰り返しになりますが、これらの例において主題は、「美と善の関係」であり「宇宙観」です。では、カントとシェイクスピアはどのような役割なのでしょうか。この二つのタイトルは、書き方が明らかに違います。「シェイクスピアの宇宙観」は、「の」

という属格表現を使っているのに対して、「カントにおける美と善の関係」の場合は、「における」という場所の副詞句を使っています。属格表現の場合、シェイクスピアの全体像が想定され、その一部として「宇宙観」があるという位置づけです。この全体と部分の関係を表すのが属格です。そうすると、「全体における部分」と言い直すことができるので、カントの場合に近くなってきます。「カントにおける美と善の関係」において「カント」は場所の副詞句に含まれています。つまり、どちらの場合も、当初主題＝主語と考えられていたものが、論文のタイトルとして考えると場所の副詞句に転換している、ということになります。

場所の副詞句とは、研究のフィールドを意味しています。カントやシェイクスピアを対象とするということは、この哲学者、文学者をフィールドとして研究を行う、ということです。では、フィールドと主題はどう違うのか、と質問されるかもしれません。カントやシェイクスピアは、なぜ、フィールドであって主題にならないのでしょう。答えは簡単です。主題とは問題、もしくは疑問のことだからです。疑問や問題は答えを要求します。だからこそ、それは「〜である」というテーマにつながるのです。普通の意味で、カントやシェイクスピアは「問題」ではありません。主題を絞り込むという必要性は、単にサイズを小さくするというだけでなく、ここに本質的な意味があります。

ただし、「における」と「の」の違いは残ります。一方は問題を、他方は対象を重視しているからです。「シェイクスピアの宇宙観」を「シェイクスピアにおける宇宙観」と言い替えてみますと、焦点がシェイクスピアという作家から「宇宙観」という思想に移動するのが感じられます。作家の研究を旨とする文学の研究者は、おそらく「シェイクスピアにおける宇宙観」というタイトルを取らないと思います。「～における」は対象よりも、そこに見出される問題に注目するもので、一般理論的な学問に適しています。哲学者たちが、カントという一哲学者の、特殊な問題を研究しながら、なお哲学をしている、と考えるについては、フィールドと問題のこの関係が関わっているようにも思われます。なお、フィールドと問題の関係については、第六章の5において、別の角度から説明します。

2　逆流式の主題設定

敢えて言うなら、論文の書き方の王道は、結論から始めることです。

これまでお話ししてきたことから明らかなように、まず主題を設定しなければなりません。誰でも、最初に懐いている知的な関心は、特定の対象（カントやシェイクスピア）に対する関心です。その著作を読み、面白いと思ったことのある対象です。そのような候補はほかにもあるかもしれません。このような対象が研究のフィールドとなることができます。フィールド＝対象を決めてその先に進むのが研究するということですが、そのためには、暫定的にもせよ主題（「美と善の関係」、「宇宙観」）を設定しなければなりません。主題は、そのフィールドへの入口にあたります。主題を決めなければ、いつまでもフィールドの外側を歩き回ることしかできません。

主題は、読書経験のなかで覚えた感動と疑問によって設定されるべきものです。日本ではあまり聞いたことがありませんが、論文の主題を指導教授から与えられる、ということがあるようです。特に壮大な一般論や方法論を提唱している有名教授は、その理論の有効性を実証するために、未開拓の分野《フィールド》の研究を学生たちに課したがるのか、と思います。実際に論文を書く学生の側から見れば、与えられた主題に関心をもつことができればよいのですが、そうでない場合には、論文制作は技術的なものになりがちです。言い換えれば、論文制作の技術をすでに身につけているひとの場合にしか、このようなやり方は上手くいきません。それは矛盾と言うことができます。論文の技術をマスターしているひとは、知的な関心も成熟しており、書きたい主題があるはずです。ところが、論文を書かなければならないが、主題はおろか対象も見つからない、できれば与えてほしい、と思っているのは初学者だからです。初学者に主題を与えれば、最初の難関は簡単に通過できます。しかし、その先は文字通り手とり足とりということになり、指導教授の考えを口伝えに書き取らせるようなことになりがちです。これでは技術を身につけることにはなりませんし、理解力や思考力を鍛えることにもなりません。

「感動と疑問」と言いました。しかし、感動だけしかない場合、先に進むのは困難です。感動は満足を与えてしまうからです。シェイクスピアを、カントをやります、という状態を抜け出て主題を設定するためには、疑問が不可欠です。疑問は問題意識です。感動していても、〈シェイクスピアの感動は何に由来するのだろう〉と問い返すなら、そこに疑問と主題が開けてきます。このように、疑問をもつことは非常に重要なのですが、疑問をもつにはどうしたらよいか、という点については、次の節でお話しします。ここでは主題設定の問題を続けます。

疑問が見つかれば、それは論文の主題の候補となります。しかし、疑問を覚えれば、すぐにそれについて論文を書くことができる、というわけにはいきません。論文は、その疑問について解決案を提出することです。しかし、すべての疑問に答えられるわけではないということは、あまりにも明らかです。ですから、実際に論文の主題として設定できるのは、答えの用意があり、その答えを論証する道筋が見えているもの、論を構築する見通しを得ているものでなければなりません。研究者なら誰でも、強い問題意識があり、それについての意見（すなわち答え）も持っているが、どのように論証したらよいかが分からず、論文を書けずにいる、という主題がいくつかあるのではないかと思います。一例としてわたし自身の場合で言えば、〈想像力は何故、具体的な素材なしにはうまく働かないのか〉ということを論証したいと思ってきました。素材なしになされるのは空想です。ある具体的な対象を得たとき、それに思いを巡らせるのが想像力で、豊かな創造性は後者の方にあります。これは論証するまでもなく自明のことでしょうか。そう思うひとも少なくないことでしょう。しかし、少なくとも、「虚無からの創造」という広く知られた創造性の理念とは一致しません。わたしは論証したいと思いました。わたしがこの問題意識を懐いたのは学生時代のことですが、いまだにそれを論証する道筋を見出しかねています。このことからわたしが思うのは、初学者のときに覚える疑問は、本格的な主題になりうるものだ、ということです。素人の問題意識を軽く見ないことが大切です。

まとめれば、或る対象を研究の対象に、あるいはフィールドにするのは、そこに主題を見つけるからですし、主題が主題として立てられるのは、その答えと論証の道筋が見えているからです。一見すれば、たしかに、対象のなかに主題が含まれ、その主題についてテーマが設定されるのですが、この順序で考えようとしても上手くいきません。テーマが見出され、答えが与えられないかぎり、対象の選択も主題への注目も徒労となるからです。実践的な決定の順序は、抽象的に考えた場合の順序とは逆で、始まりはテーマ＝答えにあります。この逆流式の決定プロセスが、論文を書くうえでの王道です。「論文とは自分の考えを述べるものだ」というのは、素朴な思い込みです。実際は、「言えることを言う」、「書けることを書く」のが論文です。研究者なら、いくつもの主題、主題候補を用意し、幅をもって研究していて、そのなかで「言える」ようになったもの、「書ける」ようになったものを論文にしてゆくものです。

一点、補足しておきます。或る作家や思想家の著作をフィールドとし、そこから主題を切り出してくるについて、哲学や社会科学、歴史学のような理論系と、文学系の場合では事情に違いがあるように思います。前者は対象（思想や著作）自体が理論なので、論文は理論についての理論という性格のものになります。それに対して文学作品はいわば一種の多面体なので、多彩な主題をそこに見出す可能性があります。研究対象にしようとするほどの作家であれば、それなりの研究史があり、その作品についてどのような主題が取り上げられてきたのかという来歴があります。大学院に進み、専門的な研究を志している人びとは、それを承知していることが不可欠です。しかし、優れた文学作品には、そのような慣習的な限界を超えてゆく力が具わっています。主題設定にも関わる、文学作品のこのオープンな性格については、第一一章の1の内容が、関連しています。文学系の論文を書こうとしているひとは、是非参照してください。

3　疑問をもつ習性——「事実」と「意見」

研究者は長いスパンで仕事をしています。博士論文を書くひとの場合にも、逆流式は妥当します。しかし、この先、いくつも論文を書くというわけでもなく、一年あまりという短期間に卒業論文を書かなければならない、という場合、いくつも主題を用意しておいて、書けるものを書く、というやり方は現実的な解決法とはならないでしょう。では、どのように主題を設定したらよいのでしょうか。いましがた触れた「手とり足とり」方式に頼らず、自力で論文を書いてみようとするのであれば、絶対不可欠と言ってよい条件があります。それは疑問をもつことです。あなたの得た知識は財産です。しかしそれ以上の財産は「分からないこと」であり、そこから疑問が生まれてきます。知識が財産であるのは、疑問を生み出す素地になるからだ、と言っても過言ではありません。知識は受動的に受け入れたものですが、疑問は知性の能動的な働きです。疑問から始まって得た答えは能動的な理解です。

疑問をもつにも技術の側面があります。その第一歩は、事実と（誰かの）意見との区別をつけることです。第一歩ですが、この区別は、実は論文制作の全過程を貫くきわめて重要な対比で、本書でもこの後、繰り返し取り上げます。この区別が重要なのは、「事実」と「意見」が知性の基本的な二つの態度に対応しているからです。右に少しくわしくお話しした「主題」と「テーマ」の区別も、これの一形態です。主題は事実に属し、テーマは意見の一種です。事実というようなものはない、すべては意見だ、という哲学的な主張を持ち出すこともできますが、ここでは常識的に考えます。新聞に報道されている出来事は、事実であって、誰かの意見ではありません。しかし事件の背景などは記者や「関係者」の意見として書かれています（「～と見られています」とか、「～という見方が広まっています」などという言い方です）。これを事実と思うと、誰かの意見にすぎないものを絶対視することになります。意見についてはさ別の意見をもつことができますが、事実はひとつで、それはただ受け入れるべきものだからです。過去のことでも、歴史年表に書かれているのは事実です。しかし、ときには事実が書き換えられることもあります。近頃話題になっていることに、鎌倉幕府の始まりの年があります。かつては年表に、一一九二年に鎌倉幕府が開かれたと書いてありましたが、いまでは、その成立年代を八〇年代と見る説が有力なようです。わたしの参照した二つの年表（『日本史年表』第四版、河出書房新社と、『日本史年表』増補版、岩波書店）は、開府の年を特定していません。すると、「いい国作ろう」でなじみの一一九二年は事実ではなくなり、意見に変わったことになります。そこに、右に挙げた哲学的な主張の出てくる素地があるのですが、いまお話ししようと思っているのは、意見と事実の区別です。これを強調するのは、年表に限らず本に書いてあるものは、すべて事実だと思っているひとがいるからです。書かれていることが事実なら、それは知識として受け入れるほかありませんし、それについて論文を書くことなどできません。極論すれば、すべてを事実として受け取っているひとに、論文を書くことはできません。論文は疑問から出発して、分からないことを解明するもので、その解明はさしあたり、あなたの「意見」として提出されます。

ですから、まずは疑問をもつことが必要です。そして、疑問をもつことは、多分に習性の問題です。まずは、「情報」には事実と意見があること、事実は素直に受け入れればよいことだが、誰かの意見なら、それを疑う余地があり、別の意見をもつこともできる、という認識をもつことが大切です。この区別自体にも疑問の余地があります。友達が、駅前の映画館で来週××をやるよ、と教えてくれました。これは事実のように見えます。特にその友達が何か意見を言っているようには思われません。そこで、次の週、映画館に行ってみたら、その映画が上映されていたのは、前の週だった、ということがあり得ます。事実ではなかったわけです。このような経験の教えは、事実の情報も、それを伝えてくれるひとの見方や意見、場合によっては誤解を含んでいる、ということです。このことを強調して考えると、「事実」というようなものはなく、わたしたちが知っているのは、すべて誰かの意見だ、という例の哲学説が舞い戻ってきます。読んだもの、聞いたもののすべてを疑うと、「石橋を叩いても渡らない」ということになりかねません。そうなると生活してゆくことが困難になります。特に友人の言葉を疑うのは、感じのよいものではありません。そこで誰もが、かんを働かせて、必要そうなときにだけ疑い、大体は事実として受け入れて生活しています。しかし、学問においては、根拠があるなら、どんなことでも疑えます。だからこそ、鎌倉幕府の成立した年が変えられる、ということが起こるわけです。ただし、十分な理由なしに、定説、通説を疑うなら、ひとの顰蹙を買います。疑いをも疑うことが必要です。

4　速成式の主題設定

逆流式の主題設定は、王道ですが、時間的な余裕のあることを前提としています。専門の研究者のやり方です。卒業論文の場合には、テーマが見えてくるのを待って主題を決める、という余裕はありません。修士論文の場合にも、さらには博士論文の場合にすら、時間的な制約があります。どのようにしたらよいでしょうか。

「カントをやりたいと思います」から始めて、対象、主題、テーマがどのように違うのか、ということをお話ししてきました。実践的な問題は、特定の対象を選んだところから、どのようにして主題、テーマへと絞り込んでいけるのか、ということです。論文の骨格は、《〇〇において、AはBである》という形に集約されます。〇〇が対象、Aは主題、Bがテーマです。最初に必要なことは、対象のなかに問題＝主題を見つけることです。逆流式ならば、テーマが見つかってはじめて、それと同時に主題が設定されるのですが、急ぐときには、主題を定めて、テーマを探す、という段取りにならざるをえません。主題の設定は、そのひとそのひとの関心によるほかありません。「カントをやりたいと思います」と同じことです。このように対象を選んだのと同じやり方で、主題も設定することができます。というよりも、それ以外に決めようはないでしょう。実は、対象としてカントが面白そうだと思ったのには、理由があるはずです。カントの思想のすべてに関心をもつことは、現実には不可能でしょう。専門の学者が時間をかけて到達するような関心のあり方です。大学の三年生あるいは四年生がカントに関心を懐く場合、その全体ではなく、或る特定の主題についてのカントの思想に心をひかれたのです。ですから、主題の選択はほとんど済んでいる、と言えそうです。

しかし、主題へのこの関心は、驚くほど軽薄なものであることもあります。論文指導の際に、主題を挙げたのだから、それに関する本をどれか読んでいるのだろうと思って尋ねると、あきれるような答えが返ってきます。カントの著作は読んでいない、カントについての研究書も知らない、関心のもとは便覧のような小冊子の一ページであったり、授業のなかで聞いた先生の一言だったり、ということがあります。指導の時間に、あらかじめ主題を考えて来るように言われていたので、無理やり考えたわけです。大学院の学生なら、考えたい主題があるはずです。しかし、卒業論文のように必修の課題の場合、誰もが問題意識を持っているわけではありません。何かに知的な関心を覚えていても、それに気づいていないことが多々あります。ですから、無理やり考えることはとても大切です。眠っていた主題に目覚めるかもしれません。しかし、このように頼りない対象の選択が、常に主題の特定を伴っているとは言えません。例えば、「カント」という対象を挙げた場合、「カントの美学」というくらいの限定はあるかもしれません。しかし、これでは主題が限定されたとはとても言えないくらい、漠然としています。できればカントの美学的な著作を一冊（これは決してたやすく読めるものではありません）、少なくともカント美学に関する解説のような文章を読んで、関心の焦点を絞り込まなければ、先に進めません。繰り返しますが、この過程は完全にあなた次第です。

そこで、さきほど例とした「カントにおける美と善の関係」という主題が固まった、ということにしましょう。この主題は、過去二〇〜三〇年の間、多くの人びとが関心を寄せてきたものです。カントはこの問題を『判断力批判』の第五九節で取り上げています。主題の次に必要なのはテーマの設定です。「美と善の関係」というこの主題に関して、何を問題（疑問）として、それに対してどのような解答を与えるか、という論文の核心部分です。まず、このテーマが見つからない、という場合にどうするか、ということをお話ししておきます。この主題を決めるのに、解説書しか読まなかったという場合には、カントのテクストを、要約のノートをとりながら読まなければなりません。そのノートを読み返しても、テーマとすべき疑問を見つけられなかった、というケースです。

この場合には、「美と善の関係」に関するカントの思想の要約しか書けません。言い換えれば、「自分の考え」を書こうにも、それを持つことができない、という状況です。これは多くの卒業論文に見られるだけでなく、修士論文にも見られる悩ましい問題です。例としているこの主題の場合、カントがそれを直接論じているテクストは一節だけなので、それを要約しても求められている卒業論文の長さになりません。そこで、これを「ふくらませる」ことが必要になります。始めに参照していた解説文はそもそもが要約なので、あなたの助けにはならないでしょう。それでも、議論のなかの何が主要な論点なのかを学ぶことができます。「ふくらませる」ためには、この主題について書かれた論文を数点、読むほかはありません。その著者たちの議論の交叉しているところに注目すれば、この主題についての問題点がよりはっきりしてくるだけでなく、それに関する研究者たちの解釈、意見をも知ることができます。これをあなたの要約のなかに書き込みましょう。《「カントにおける美と善の関係」を考えるには、ABCの三点をどのように理解するかが問題である、Aについて X 氏は次のような考え方をしている……》という具合です。これで論文のかたちになります。また、そうしているなかで、疑問を発見するかもしれません。もしも、疑問を見つけることができれば、それが新たに探求すべき課題になります。それを果たすなら、十分立派な論文ができます。

間違えても、先行論文の解釈についてのあなたの感想のようなものを書いて、それを「自分の考え」だなどと思わないことです。あなた自身の感じた疑問だけが、あなたの問題意識になります。それを自分で解明したとき、はじめて「自分の考え」と言えるものが生まれます。しかし、考えてみてください。疑問をまったく覚えないひともいます。疑問を覚えたとしても、その疑問はすぐに解決してしまうようなものであることが多いでしょう。簡単に答えの見つからないようなものこそが、真の疑問です。答えを見つけても、完全に満足することができず、心に残って、そのあと問い続けるような問題です。「自分の考え」をもつのは容易なことではありません。

5　より本格的に

実質的には要約、という論文は、専門家の研究論文にも見られます。見られるという以上に、多くがそうだ、と言えそうです。カントの場合なら、カント自身の著作に示された思想の要約ですが、シェイクスピアの場合なら、「宇宙観」について書かれた先行研究の要約です。要約論文は、その対象が珍しい著作であるときには、一定の役割を果たします。学界において知られていない対象ですから、それが読むべきものなのか、読むに値するものなのかを見極めるためにも、要約論文は歓迎されます。このような知識の広がりは、学問の厚みを増すことになります。しかしそのために、要約論文しか書けない研究者が増えると、学問が、思索から情報へと萎縮してゆく傾向が、必然的に生まれてきます。この傾向を嘆かわしく思うひとが、「自分の考え」を強調するわけです。前節では、卒業論文の場合を念頭に、短期間に主題を設定するための方策を考えました。ここでは、修士論文や博士論文を書くひとを考え、より本格的な主題設定の途を考えます。卒業論文を書こうとしているひとでも、意欲があれば、十分チャレンジすることのできる方向性です。

「美と善の関係」という主題に関して、カント自身が二つの主要概念をぶつけ、比較している、という事実に注目しましょう。美の特質を際立たせるために、かれは一貫して善との比較を行い、両者の違いを強調するという方法を、思考の柱にしています。そのうえで、本当にそう言えるか、あるいはどこまでそう言えるのか、という反省を行っているのが、『判断力批判』第五九節です。何かを考え、その特質あるいは本質を明らかにしようとするならば、他のものとの比較が欠かせません。比較されるべき他のものとは、そのものとよく似ていて、同類と見なされるのだが、異なる点を含んでいるものでなければなりません。美と善は、どちらも基本的な価値であるところに共通項がありますから、価値としてどこに違いがあるのか、ということに注目すれば、それぞれを明らかにすることになります。「美と善の関係」は、カント自身が比較検討している主題です。

では、カントのその思想を主題とするということはどういうことでしょうか。この場合も探求のかたちは同じです。「カントにおける美と善の関係」を研究するということは、この主題についての他の考え方と比較して、カントの思想の特徴を際立たせることです。思想のタイプに注目するなら、例えばプラトンとの比較が考えられますが、わたしはそのような論考を知りません。おそらく難しい主題なのだと思います。しばしば比較対象とされているものには、二つあります。ひとつはカント自身のなかに、もうひとつはカントの外に、しかし同じ思想風土のなかに、あります。

幸いなことに、カントは成熟期に入る以前に、この主題に関わる『美と崇高の感覚についての考察』(一七六四年、一般には『美と崇高の感情』と訳されています)という著作を書いています。これと『判断力批判』の思想は、十分に比較検討することができます。両者を比較するなら、美と善についてのカントの思想のなかで、何が一貫しているのか、また、二つの著作を隔てる四半世紀の間に何が変化したのかを見定め、ひいてはカントの思想の成熟が奈辺にあったのかを突き止めることも期待できます。一方、カントの外にある比較対象としては、シラーがあります。シラーは詩人ですが、カントの特に倫理思想に傾倒し、一時期哲学的思索にのめりこみ、いくつもの美学的論考を著しています。しかもそれらは、文学者の余技のようなものではなく、美学史上に名をとどめる重要な著作と見なされています。悲劇詩人シラーなら当然のことでもありますが、美と善の関係はかれの思想の中心にあります。それがカントを読んだことによって触発されたものである以上、カントの思想をこれと比較するのは、適切なことです。この比較を通して、二人の思想の違いが明らかになるだけでなく、一八世紀末のドイツにおけるこの問題の思潮の方向性の理解につながることが期待できます。

シラーの場合はもちろん、カント自身の若い時期の著書との比較であっても、原本と模写のように、比較すべきところが決まっているというわけではありません。研究するひとによって、注目点が変わってくるのは当然です。それに応じて、引き出されてくる特徴も、論者によってさまざまです。同じ主題が繰り返し取り上げられるのは、そのためです。この違いこそが「自分の考え」に相当するものですが、それは、「自分の考え」という言葉の響きとはやや違うのではないでしょうか。新商品のデザインのように、ことさら作られた違いではありません。このことは肝に銘じておいてください。

このようにして見つけた「自分の考え」がテーマになります。テーマが見つかって初めて、論文に取りかかることができるようになります。このようにして、地道に研究のステップを踏んでゆけば、結局、逆流式に戻ってゆくことになるわけです。

第六章　設計図と施工

0　ディドロの執筆法

本書そのものは論文ではありませんから、ほかの人の説を取り上げて批判する、というような必要はないでしょう。しかし、模範となるような執筆法をディドロが説明しているので、参考にしたいと思います。ディドロは一八世紀フランスの大思想家で、傑出した文学者でもありました。晩年に、かねて援助を得ていたロシアの女帝エカテリーナ二世に招かれてサンクト・ペテルブルクを訪れます。会見のなかで、あなたはどのようにして本や論文を書いているのか、と尋ねられ、それに答えたメモが残っています。[*]その内容は、概略、次のようなものです。

＊　その全文の訳が、わたしの次の著書の中にあります。『ディドロ《絵画論》の研究』、中央公論美術出版、二〇一三年、七一四〜七一六ページ。

──ある主題について論文を書くことにすると、ディドロは四六時中それについて考えを巡らせます。そのようにしながら、仕事机の上に大きな紙を一枚広げておき、「そこに、考えの符牒となる単語を、順序なく、慌ただしく、思いつくままに書きつけ」ておきます。「頭が空っぽになった」なら、しばらく時間をおいて、そのうえでもう一度、同じ作業を繰り返します。一段落したと思ったところで、符牒となる単語を取り上げ、それらのあいだに順序を想定します。ときには番号を振ることもあります。「ここまでくると、著作はできたも同然です」、とディドロは言います。

このあと作業は、執筆と推敲になります。ディドロは推敲について、少し長めに語っていますが、当面のわたしたちの関心にとっては、以上のところまでで十分です。重要なのは、「符牒となる単語」群とそれらの間に想定する「順序」で、これらが論文の設計図の骨格になります。ディドロの語っていることに、わたしは共感しています。わたしは、大きな紙を広げたりしませんが、ほぼ同じやり方をしています。現にこの本についても、「符牒となる単語」と「順序」からなるラフなスケッチを書いたうえで、それにのっとって、ただし、書き進めつつ、そのスケッチに修正を加えながら、これを書いています。このやり方は、おそらく多くの研究者たちの論文の書き方でもあろう、と想像します。ですから、「符牒となる単語」と「順序」に即して、論文の設計図の作成を考えることにしましょう。

1　「符牒となる単語」とその構成

論文の設計図としては、二つのレベルを考えなければなりません。博士論文は、全体が一冊の本になるようなサイズで、事実、合格した論文については、その印刷公刊が求められています（文部省令「学位規則」）。このように大きなサイズの論文ならば、それを構成する各章は、それぞれに独立した一篇の論文と見ることができます。実際に博士論文を書いた人びと、準備している人びとは、各章を別々の論文として執筆し、できることなら学会誌や大学の紀要などに発表してゆき、全部がそろったところで、全体を整えて博士論文として提出する、という進め方をしています。サイズという点では、卒業論文は博士論文の一章くらいのものです。それでもなお、全体の構成は、博士論文のミニチュア版であることが多いように思います。博士論文の一章、言い換えれば学会誌に掲載される研究論文ということですが、それに相当するような限定された主題を取り上げて、高密度の議論をする、という卒業論文に出会ったことはありません。このことは、全体の構成（章立て）と、各章の構成（こういう言葉はありませんが、敢えて言えば「節立て」）には、違いがありそうだ、ということを示唆しています。いずれも、「符牒となる単語」と「順序」に即して組み立てられる、という意味では同じです。

では、何が違うのでしょうか。

非常に優秀な学生で、研究者になることを志しながら、卒業論文はお茶を濁し、修士論文はついに書くことができなかった、というひとがいました。明確な主題をもっていて、それについて個々の問題をとりあげては、とうとうと説明し、意見を述べます。わたしもそれに感心していたので、論文が書けないということが不可解でした。つきつめるなら、かれの症状は、全体としてのテーマ（自分が主張すべき解釈）を見つけることができず、その結果、それを分節して各章を設定する構成案を作ることもできず、着手することさえ覚束なかった、ということでした。テーマを設定できないために論文の執筆に挫折する、ということは頻繁にあることではありませんが、その困難をどの程度深刻に受け止めるか、という違いはあります。卒業論文を書いているひとの多くは、何としても卒業したいと思っているので、「お茶を濁して」切り上げます（前章ではそのための方策も書いておきました）。修士論文や博士論文になると、学生自身の批判意識が鍛えられ、自分に対する要求が高くなっていますので、この困難に直面すると深刻ですし、その悩みは知的に誠実です。そのため、制度上は二年で修了する修士課程に三年以上かかるとか、博士論文を仕上げるのに一〇年以上かかるということも珍しくありません。それは必ずしも能力不足のしるしではありません。難しい主題というものがあります。

このように章の主題は、論文全体のテーマによって規定されます。各章の、あるいは短い研究論文の節立ては、その章や論文のテーマによって規定されますから、《テーマとその分節》という関係は同じですし、章立てにも節立てにも、同じ困難があります。テーマを見つける、という困難です。しかし、その難しさの性質や程度は大きく異なります。個々の章や短篇論文のテーマは小さなテーマで、博士論文や著書のテーマは大きなテーマです。例えば、「シェイクスピアの宇宙観」は大きな主題で、それについての見解が大きなテーマです。それに対して『ハムレット』の星空」は小さな主題で、それに関する解釈が小さなテーマです。後者は精緻な分析力を必要としますが、前者には多くの知識をくくり上げて束ねる構想力が求められます。初学者の卒業論文は、ほとんどの場合、「『ハムレット』の星空」型の小さな主題を欠いています。「『ハムレット』の星空」に言及することはあっても、それを展開するには至りません。そこまで精緻に議論するだけの知識がないからです。他方、小さな主題は答えを出しやすい、ということも間違いありません。もちろん、問題をそこまで絞り込むことが前提ですが、絞り込んだとき既に答えの可能性が開けていると言えます。地道に分析するなら、何らかの発見が得られるだろう、と期待することができます。しかし、そのようにして得た各章の答えを総合して「シェイクスピアの宇宙観」についての見解をまとめるのは、必ずしも容易なことではありません。博士論文を書くひとの多くが、章に相当する短篇の論文を書きためていって、最後にそれらを集めて大きな学位論文にする、という運びについては右に紹介しました。このような作り方をした場合、個々の章はよく書けているのに、全体のテーゼ（主張となる解釈）ははっきりしない、というケースがよく見られます。逆流式にテーマ（とそれの結晶としてのテーゼ）から出発した場合には、この惧れはありませんが、積み上げ方式の場合には、各章の成果を総合して全体のテーマを発見する、そしてそのテーマに即して各章を微調整する、という仕上げの段階が必要、かつ重要になります。

迷わず主題は選んだものの、それについて主張すべきテーマが見つからず、章立てを作ることができない、という困難については、「カントにおける美と善の関係」を例として、前章でお話ししました。適切な比較項を見つけることができれば（若い時期のカント、シラー）、差異を見つけることができますから、そのなかでも主要なものが、論文で取り上げるべき論点になります。それらの論点を適切に並べるのが、設計図です。「適切な」配置とは、結論に導いて行けるような、という意味です。ここに逆流式の構造の核心があり、結論がはっきり見えていなければ、そこに至る道筋を設計図に描くことができません。結論とは、分析して得たいくつもの論点を一つに集約することです。十分に考え、テクストの言葉をその背後の意味へと切り込んで行かなければ、分析結果をただ並べることしかできないでしょう。それでも論文になります。しかし、分析結果は、テクストに書かれている「事実」の性格が強く、あなたの「意見」と言えるものにはなっていません。さらに踏み込んで、そこに見つけた違いがどのような意味であるかを考えるのは、あなたの洞察力と知識の広がりにかかっています。これについて、ここで提案できるような一般的な処方箋はありません。

設計図の基本的デザインには、三つの型があります。

①探求型――見当のついている結論に向けて論を集約してゆくタイプで、最も基本的なかたちです。その道筋としては、（1）より明らかなもの（単純なもの）から、より分かりにくいもの（複雑なもの）へ、（2）より基礎的なことから、より構築的なものへ、という漸層法が、考えられます。その最後が結論になるのは、言うまでもありません。「探求型」の設計図は、手探りしながら、まだ見えていない何らかの結論を模索する、ということですから、研究の自然な生理に合っています。

②説明型――しかし逆流式の構造に照らして考えれば、論文は結論から出発します。この段取り

に忠実に考えるなら、むしろ、最初に結論を示し、それを順序立てて説明してゆくという構図になります。最初に示される結論は、証明を経ていないので仮説にすぎません。そのあとで証明が必要です。すると、探求型と説明型は、結論を提示する順序だけの違いのように見えます。しかし、証明から結論に至るプロセスが明晰に捉えられていないと、説明型を取ることは不可能です。読み手にとっても、説明型には論文の主張がはっきり捉えられる、という利点があります。反面、探求型の与えるスリルはありませんし、議論も結論にだけ方向づけられ、含みのようなものは希薄になります。

③並列型――「シェイクスピアの宇宙観」も、カント研究と同じような性格のものであることが、あり得ます。シェイクスピアの宇宙哲学のようなものを解明しようとすると、テーマも章立ても茫漠としてきます。しかし、文学研究の分野なら、作品別の分析を章立ての原則にすることができます。『リア王』を中心に、『ハムレット』(夜空と冥界)、『お気に召すまま』(なぜ、理想的な空間が森なのでしょう)、『あらし』などを分析することで以て並列的に各章を立てる、というやり方です。もちろん、優れた分析ができるかどうかは、あなた次第で、それが易しいということはありません。しかし、少なくとも章立ては容易になります。全体の設計図を作成することも容易です。シェイクスピアの宇宙観のさまざまな面を取り上げる、というかたちです。そのような側面を抽出して、各章の主題とすることもできますし、それができなければ、主要な作品をひとつずつ取り上げる、ということもできます。特徴を数え上げることが主眼なので、それをひとつに集約することが不可欠、というわけでもありません。各章の並べ方には、何らかの形式的な原理を設定するのがよいでしょう。作品ごとに論じ

るなら、年代順、ジャンル別、また論点ごとに章を構成するなら、探求型のところで取り上げた漸層法に則る、というようなことが考えられます。

2　具体例による設計図の引き方

大きな論文の各章は、それぞれ一篇の研究論文に相当します。このような章、あるいは単発の論文のデザインは、全体の構想よりも具体的なものになります。このことに配慮しつつ、作例に即して考えることにします。手がかりとするのは、もちろん、「符牒となる単語」と「順序」です。ディドロが念頭においているのは、或る著者や著作についての研究論文ではなく、思索型の論文ですが、この二点が基本になるという点は、研究論文の場合も同じです。「符牒となる単語」とは、「ダブル・ノート法」の節で「キーワード」と呼んだものに相当します。特定の思想家や作家の著作の研究をする場合、あまり苦労せずにキーワードを見つけることができます。著作を読みつつノートをとるなら、ごく自然に、繰り返し使われていて、しかも重要な意味を与えられている単語が分かります。簡単に言えば、目立つ単語です。それでも、この重要性が単に単語の使用頻度の問題ではなく、内容の理解に基づく判断によるものであることは、言うまでもありません。特に、著者の用いている単語を別の語に言い換えて理解するなら、論文の書き手の解釈の深度が深くなります。単なる要約を超えた論文に近づく、ということです。同義語を用いて言い換える能力の重要性は、既に指摘してあります。もう一度繰り返しても悪くないでしょう。それは、学習したもの、読み取ったものを自分のものに変える手立てになります。

「符牒となる単語」という捉え方には、キーワードよりもさらに深い奥行きがあります。「符牒」となった単語は単なる単語ではありません。説明しようとすれば何ページにもわたるような思想のかたまりにつけられたタグが「符牒」です。その概念についての理解がなければ、「符牒となる単語」を得ることはできません。つまり、それはくくり上げられた観念にほかなりません。その底辺にいくつもの経験や観察が横たわっています。ですから、大急ぎの拾い読みでキーワードは得られても、それがそのまま「符牒となる単語」になる、というわけにはいきません。たとい、いくつかの重要な単語を拾い出すことができたとしても、その背後にあるべき「思想のかたまり」がなければ、先に進むことは困難です。では、ディドロのように思索型の論文を書く場合、「符牒となる単語」はどのようにして獲得したのでしょうか。例として『絵画論』の場合を考えてみます。この著作は概論書であって、博士論文のように或るテーマを論証することを目的としているわけではありませんが、展開する議論のプランを考えるための作例とするのに支障はありません。ある意味で、概論書の方がデザインは単純です。それは結論にむけての論理的な展開がないからです。この違いを念頭に置きつつ、必要に応じて、研究論文の場合の問題を付言することにします。

『絵画論』を構想したとき、ディドロは既に全体の章立てを考えていました。デッサン、色彩、明暗法、構成、表情などの章が予定されていました。これらは常識的に考えても妥当なものですが、絵画の「部分」と呼ばれて、絵画を論じた人びとが取り上げるべき主題と見なしていたものですから、この章立てを考えるのに苦労はなかったはずです。前節で紹介した章立てのなかで言えば並列型です。対象が部分に分かれているなら、その部分を順次とりあげてゆくのは、妥当な方針です。設計図の引き方が問題になるのは、個々の章についてです。そこで、第二章を構成している色彩という主題を考えてみることにします。この章を書いた際にも、ディドロは「符牒となる単語」と「順序」による執筆法を実践していた、と考えられます。色彩に関して、かれはどのように「符牒となる単語」を見つけたのでしょう。これについての証言はありませんので、あくまでわたしの推測です。現実に書かれた著書から逆算してみると、次のように考えられます。

――当然のことですが、ディドロは自分の経験を振り返ってみました。同時に、画家たちから教えられた言葉も思い出したはずです。また、絵画を論じる際の枠組み（章立て）も念頭に置いていたに相違ありません。色彩はデッサンとともに絵画の最も基本的な構成要素ですから、デッサンとの比較が欠かせません。色彩に関するかれ自身の経験のなかで、最も強く感じていたことは、色彩の与える印象が直接的でかつ強烈だ、ということでした。このことはデッサンの専門的な性格との対照点ともなっています。同じくかれが強い印象を受け、不思議に思っていたのは、それぞれの画家が固有の色調を示していることです。この個人差は個性というような価値として捉えられるのではなく、むしろ優れた色彩画家が稀であることのしるしと思っていました。かれには色彩表現の卓越さを測る基準があり、それは「肉体の感じ」を出せるかどうかだ、と確信していました。

これらが、おそらく、ディドロの机上に広げられた「色彩」というメモ用紙に書き付けられた「符牒となる単語」だった、と思われます。次に、これらの間に順番をつけることが課題になりますが、色彩の章に関する限り、厳密なルールは見られません。何かを証明しているわけでもなく、決まった到達点があるわけでもないからです。それでもいくつかの配慮の原則があったと見られます。まず、前後の章のそれぞれの主題との関連で、デッサン（第一章）との比較を冒頭に置き、明暗法（第三章）につながるような話題はあとに、という原則です。また、読者が経験を共有していて同感してくれると思われる話題を先に出す、ということがあります。そして、このことは同時に、ディドロ独自の思想はじっくり語ってあとの方に示す、ということにもなります。

このゆるやかな原則は、著作（論文）全篇の構成法と基本的に変わりません。重要な話題をあとの方に置くということは、結論を最後に置くという原理と同じ考え方です。また、論理的な前後関係がない、その意味で同等の話題の並べ方についての配慮（身近なもの、印象の強いものを先に置くというような）は、「シェイクスピアの宇宙観」について見た並列的な章構成の原則です。このように、章と全体の構成法はアナロジカルなものと見られますから、定評ある論文を読んで、その構成法を学ぶなら、それは章の内部だけでなく、論文の全体にも通用する、と考えることができます。

3　空白の恐怖

いよいよ書き始める段階ですが、着手するには決断がいります。設計図が書かれていてもそうです。卒業論文の提出期日は、ほとんどの大学で一二月の末か、一月の初めですが、一二月に入っても書き始められない、という学生が少なくありません。準備が不十分で、設計図が整っていない、というケースが多いようですが、より本質的な原因が関わっています。ベテランの書き手でも、原稿の締切日を迎えてようやく着手する、という話をよく耳にします。ひとさまざまで、性格によるところもあるでしょう。怠けごころが働いていないとは言えないかもしれません。しかし、およそ何かに着手するということのなかに、気後れを覚えさせるものがあります。空白の恐怖としか呼べない心理です。入学試験のような、待ったなしの時間勝負の場合には、すぐに問題と格闘を始めます。わたしも、若いころにはそのように、いわば獰猛に、論文を書き、この気後れをほとんど知りませんでした。それを感じるようになったのは、既に経験を積み、一般に成熟期と見られるような年齢になってからです。いまでは準備はずっと周到になっています。若いころにはほとんど書かなかった設計図も書きます。それにも拘わらず、それと反比例するように、論文を書き始めるのを辛く感じるようになりました。書き始めないためであるかのような、余分の読書をしたりするほどです。このような自分を認識して初めて、いつまでも論文を書き始めない学生たちの気持ちが分かるようになりました。文章を書き始めるということは、文字通り、白紙に筆をおろすことです。それまでは何もなかった空白のあり方を、初めて決定することです。その一筆がその先の仕事を決定してゆくことになります。今は未定のこの未来が、書き手をすくませるのです。

この恐怖に打ち克つための第一の方策は、設計図を緻密に作ることで、これは言うまでもありません。しかし、設計図は論文そのものではありません。ラフなスケッチから、文章によって議論を展開することへと進むことは、ひとつの大きな飛躍ですし、仕事の質も変化します。空白を前にしているという状況は、書き始めだけではありません。最初の一行を書くと、それに規定されて次の文が、さらにその文に導かれてその次の文が生まれてくるようになります。この運びがスムーズに進むなら、「筆に導かれる」かのような感覚が生まれます。作家が「書いた」のではなく、「筆に書かされた」と言われる境地です。しかし、このつながりも次の曲がり角（議論の屈折点）までです。そこまで進むと、また小さな空白が現れてきます。文章を書くことは、この空白との絶えざる格闘だ、と言うことができます。

どのように詳細な設計図も、問題を全面的に解決してくれるわけではない、ということです。特に、逆流式の書き方は、設計図の書き換えを重要な要素として含んでいます。設計図で足りないところは、決断を以て補うほかはありません。空白の恐怖に打ち克つには、自身の「踏ん切り」が必要です。どれほど引き延ばしても、論文が独りでにできてくるわけではありません。走り幅跳びの選手が、呼吸を整え、パフォーマンスのイメージを固めたところで、スタートを切る。それと同じです。合図を受けてから一分以内にスタートしなければならない、というルールがかれの、あるいは彼女の背中を押します。論文や文章の場合、提出期限や原稿の締め切りが、決断の後押しをしてくれます。しかし、その結果は、多くの場合、「時間が足りなかった」ということになります。理想を言えば、設計図ができたところで、間を置かずに着手する、そして、結果が悪ければ書き直す、という逆流式に賭けることです。それだけの時間的な余裕を織り込んで、論文の場合の「スタート一分前」を考えるべきでしょう。

4　竹へび構造の施工法

施工法とは、言うまでもなく、実際の論文の執筆作業を指しています。文章の書き方、という意味なら、それは第八章でお話しします。ここでは、設計図というラフなプランと、それの具体化の仕方、というマクロなレベルについて考えます。すでに着手の決断を下した、というところから考えます。基本的な注意事項は、いましがたお話ししたことと、重なります。すなわち、ある見通しを持って初めて、最初の一文を書くことができる、ということです。その「見通し」は、次の一文をも超える幅の構想です。しかし、決して遠くまでの見通しではありません。筆を進めるとき、いくつかの文が同時にわたしの念頭に浮かびます。決してひとつではありません。それらをどのような順序で話していったらよいか、ということを常に考えながら、その判断に従って次の一文を書く、という具合です。

この進行が、わたしには、竹細工のへびのように見えます。へびの胴体がいくつもの竹片に分かれていて、それぞれが竹ひごのようなものでつなげられています。この小片は次の小片につながっていて、その動きを規定していますが、その次の小片の動きを直接支配しているのは、これではなく、これにつながっている次の小片だ……という仕組みになっています。論文を書くときの見通しは、この竹へびの小片ひとつか二つに相当します。その動きは、完全にコントロールされているわけではありません。一文々々は意識的に書かれているのですが、そのつなぎ、展開には即興的な契機がありますす。前節で触れたように、考えたことを書くというよりも、考えが筆に導かれ、運ばれてゆくということがあります。あるときある思いが閃いてそれを書きつけると、それを起点として、思っていなかったような展開になる、ということもあります。そんなとき、わたしの精神はいきいきと働いているのですから、この展開を偶然的だとして軽視しないことが大切です。

竹へびの動きの面白さは、どこに行くか分からないところにあります。論文はそれでは困ります。大きな方向性を定めておくのが設計図の役割です。それに相乗される即興性をふくんだ施工法が、論文の思想に生気を与えるものです。

5　サブタイトルの意味

サブタイトルのついた論文や著書をたくさん見かけます。ここでその仕組みをお話ししますが、これは、サブタイトルをつけるのが当然だとか、サブタイトルをつけるのがよいとかいう趣旨ではありません。多用されているということは、サブタイトルの果たしている役割が、論文というものの構造に深く根ざしていることのしるしです。タイトルになる主題と、サブタイトルの意味内容の関係に注目することによって、論文の構成を支配している二つの筋、あるいは原理を明らかにしておきたい、と考えてのことです。

しかし、これは初めて取り上げる問題ではありません。繰り返し強調してきた「事実」と「意見」の区別を核として、さらには「主題」と「テーマ」、「研究」と「思索」などと通じあい、重なり合う事柄です。タイトルとサブタイトルという新しい切り口から、「事実」と「意見」という基本的な区別を捉え直すことが、ここでの課題です。

まず、サブタイトルをもついくつかの著作を参照し、それぞれにおけるタイトルとサブタイトルの関係を考えます。次のような著作を手にしたとき、わたしたち読者は、どのようなことを理解するでしょうか。

価値意識の理論――欲望と道徳の社会学（見田宗介）
映ろひと戯れ――定家を読む（浅沼圭司）
イデア――美と藝術の理論のために（E・パノフスキー＝伊藤博明・富松保文訳）
快楽戦争――ブルジョワジーの経験（P・ゲイ＝富山太佳夫他訳）

見田氏のタイトルは、価値論という著作の主題をストレートに言い表しています。それに対してサブタイトルは、まず、価値論と言っても本書は社会学的な考察だ、ということを断っています。注目点は「欲望と道徳」です。これらは社会的な現象でもありますが、個人的な欲求と社会的な規範に対応し、そのどちらを強調するかで価値についての異なる考え方があるということ、また価値がこの二つの原理の間のドラマであるということを示唆しているように見えます。つまり、サブタイトルは主題に対する著者のスタンスを、言い換えればかれのテーマを表現しています。

この関係を逆さまにしたのが、浅沼氏です。サブタイトルは主題、というより対象を示しています。それに対してタイトルは、何に関心があるのかという主題を示しています。合わせて、本書は、藤原定家の和歌を解釈して、そこに「映ろひと戯れ」を読み取ろうとするものだ、というメッセージを伝えてきます。メインタイトルとサブタイトルをこのように顛倒することは、著者の関心のあり方そのものを暗示しています。この表題が示唆しているのは、特殊な定家論ではなく、定家を具体例にとった「映ろひと戯れ」論です。著者の関心の焦点は、この反映と遊動という多分に記号論的な働きにあります。

訳書二点は、いずれもサブタイトルの訳語が原題とは微妙に異なっていますが、ここではこの日本語の題で考えます。パノフスキーのものは、主題とテーマ、主題と対象という奥行きを欠き、やや平板ですが、やはり同じように、タイトルをサブタイトルが限定するという関係に置かれています。「イデア」はプラトン哲学の中心概念で、現象のおおもとにあるものとして想定された永遠のモデル、あるいは本質を意味します。サブタイトルは、その「イデア」を「美と藝術の理論」において問題にする、として主題の領域を限定する役割をはたしています。

ゲイの表題は、要領を得ません。これを読んだだけでは、この本が近代藝術の誕生に関する文化史の本であるとは、思い至ることができないでしょう。要領を得ないということは、謎めいたタイトルで読者を惹きつけようとしているわけですから、商品のネーミングに似たところがあります。それでもなお、サブタイトルの方が具体的で、その「ブルジョワジーの経験」が「快楽戦争」なのだ、と解することができるでしょう。そう見るなら、これは浅沼型ということになります。

この他にもタイトルとサブタイトルの別種の関係はあると思いますが、ここではこれらの例で十分です。見田型にせよ浅沼型にせよ、タイトルとサブタイトルが、主題とテーマあるいはその逆のような、具体的と抽象的という二つのレベルを関係づけている、ということに注目しましょう。論文には、この二つの関心の焦点があります。読み手の側から見ると、主題を既に知っているから、論文を読んでみようかと思うわけです。テーマのほうは書き手がこれから提案してくれるものですから、さし当り未知のもので、それが特に読者を惹きつけることもあり得ます。これは見田型で、浅沼型ならこの関係は逆になります。いずれにせよ、書き手であるあなたも、これから書く論文へのアプローチには同じ遠近的構図のなかに身を置くことになります。主題のなかに、あるいは主題を通して、未だ解明されていないテーマを見つける、という課題に向いあうからです。ここで、主題とテーマが、あの「事実」と「意見」に対応するものであることが、分かるはずです。

第七章　論文のモラル

0　論文を書くにもモラルがある

文章法に入る前に、ここでは、論文の文章をつづる際の前提となる基本的な心構えについてお話ししておきます。この章の主題として「モラル」を掲げました。モラルとはふるまい方のことです。論文とふるまいにどのような関係があるのか、といぶかしく思うひともいるでしょう。論文は理論に関わり、ふるまいとは社会のなかでの行為です。理論と行為は別の事柄だ、という考えがあります。確かに、「現実の行為は理論通りにいかない」という事実もあります。しかし、理論を構築することがひとつの行為のかたちでもある、ということも明らかです。「勉強すること」も、「遊ぶこと」も、「仕事をすること」も、どれもが行為のかたちです。論文を書くことをひとつの行為と考えるなら、そこに「してはいけないこと」、「なすべきこと」があるというのは当然のことになります。

事実、学問の世界にも、ふるまい方の規範があります。社会的規範以上に厳しい面さえあります。

卒業論文を書いて学業を終えようと考えているひとは、学問の世界など自分には無縁だ、と思うかもしれません。しかし、論文のモラルは一般的なモラルと全く異質のものではありません。むしろ、根本は同じだ、と考えなければなりません。論文のモラルはそのまま行為のモラルでもあります。それが、これまで力点を置いて考えてきた「自分の考え」、あるいは事実と意見の区別に関係していることは、既にお気づきのことでしょう。論文において要求されるふるまいのルールは、学界だけの特殊なものであるどころか、社会全般においてその遵守が強く求められているものです。論文を書くことを通してそれを習得することも、卒業論文における大切な課題です。

他人の意見と自分の意見の区別は、現代の社会では知的財産権の問題として法制化されています。もちろん、すべての意見に財産権があるというわけではありません。たしかにそのひとのものだと認められる重要な意見だけが、その対象になります。知的財産権の基本は、その所有者に知的な成果の独占的使用を保証するものですが、論文に関して問題になるのは著作物の二次使用です。他人が使用する場合の知的財産権は経済的権利であって、《その使用にあたっては対価を支払え》という意味です。ときにトラブルが起こっても、対価を支払うなら問題は解消し、特にモラルな意味での責任を問われることはありません。しかも、論文における引用については、少なくとも現在の日本では、経済的な問題も発生しません。ただし、適切な手続きを踏むことが必要です。その手続きとは、単に借用の事実を明記するだけのことです。

この手続きを怠った無断の借用については、モラルの問題として厳しい譴責にさらされます。学問の世界での知的財産の問題は、経済的な権利に関わるものではなく、全面的にモラルの目で捉えられます。自分のものではない知的成果を自分のものであるかのように偽った、という行為として取り上げられる、ということです。しかも、その行為に対する譴責は、非常に厳しく、「お金を払って済む」問題と、驚くほどのちがいがあります。それは、学問がその本質上、虚偽を嫌うからに相違ありません。

ここでは、最初に論文のモラルそのものをお話しします。そのうえで、具体的な問題として、テクストと参考文献、借用と剽窃、引用、注の意味と付け方、翻訳の扱い、借用と批判のマナーの六つの主題を取り上げます。さらに、「翻訳」に関連して、テクストを原語で読むことの意味についても、掘り下げて考えることにします。このうち特に中間の三点は相互に深く関連しています。先行研究から考えや言葉を借りたなら、それを引用の形で示し、その出典について注を付ける、そうすることによって剽窃を避ける、というつながりがあります。これら五つの主題は相俟って、論文に取り組む基本姿勢を規定するものであり、ひいては、論文とは何かを教えてくれるとも言えます。これらを理解せずに論文を書くことなど覚束ない、ということです。論文とは何かということは第三章で、相当詳しくお話ししました。この章の話題は、それを具体的に補足することにもなります。

1　研究不正という問題の病根

本書は最初から、この「論文のモラル」の章を含んでいました。それは次の節から始まる諸主題を論ずるものでした。しかし、印刷にとりかかる直前（二〇一四年三月）に、二つの大きなニュースが世間を騒がせました。ひとつはいわゆる佐村河内問題、もうひとつはSTAP細胞に関する論文の問題です。前者は学問ではなく藝術上の、広い意味での贋作問題ですが、知的な誠実さに触れるという意味で、研究上の不正と深い共通点をもっています。後者は理系の研究論文ですが、研究の根本をなす知的な態度、論証のルールなどは、文系の論文でも全く変わりません。さらに、これらほど世間の耳目を集めたものではありませんが、論文の盗作問題が報じられています。特に東京大学においてこの種の問題が複数持ち上がっていることは、問題の根深さを物語っています。この大学は、研究上の高度な倫理性が当然のこととして期待されている研究機関のひとつだからです。同じように感じられた方も多いことと思いますが、当時、わたしが特に衝撃を受けたのは、STAP細胞論文の筆頭著者が、データの加工（写真の切り貼り）やテクストの無断借用を、やってはいけないこととは認識していなかった、という報道です。科学的な先行研究はきちんと参照し、引用もしているようなので、無断借用したのは引用の手続きの要らない種類の文章、と考えていたのかもしれません。

たしかに、常識を整理しただけのような文章があります。他には見られない思想や研究成果とは、明らかに違います。日常会話のなかでなら、わざわざ誰々さんの言葉と断わるまでもなく口にされるような情報です。しかし、学問の世界で、これらを使う場合には引用の手続きが要らない、などとされることはありません。そのような区別をすることは、その区別そのものを曖昧で恣意的なものにしてしまうからです。ここまでは常識的な内容だから引用の手続きはいらない、この先は必要、というような線引きができると思いますか。このような区別はトラブルのもととなるだけで、何のメリットもありません。そもそも、常識的な事柄なら、自分の言葉で述べることができます。何らかの理由で既存の文献を借用する場合にも、要求されている手続きは面倒なものではありません。引用や借用の事実を明らかにし、出典を示すだけです。

ＳＴＡＰ細胞問題の衝撃は、事態を正面から受け止めることが必要だという認識を、わたしに迫るものでした。これは単に倫理観の衰退として捉えるだけでは済まないことで、知的な風土、より根本的には情報空間の変化を、事実としてしっかり認識することが不可欠です。そのように考え、この一節を書きくわえることにしました。社会的に問題となるのは、博士論文や専門の学術論文の場合ですが、この情報空間の問題は、若い学生たちを含めて誰もが共有しているものです。むしろ、若いひとほどその空間のあり方になじんでいる、と言うべきでしょう。卒論を書こうとしている人たちも、この節を飛ばさずに、通読してください。

「情報空間」とは、インターネットを核とするＩＴ（Information Technology）の爆発的な展開によって生じた、知識の新しい流通システムのことです。「情報空間の変化」と申しましたが、厳密には

「情報空間の誕生」と考えるべきでしょう。以前から存在しているのは、学問的風土とでも呼ぶべきものです。その風土のなかでは、これまでわたしの経験したかぎり、深刻なケースはなかったと思っています。

課程博士論文（ＰＨＤ論文）や昔の修士論文の場合、盗用や「コピペ」は行えない、行ってはいけないという認識が、学問的風土のなかにあり、それが重要な教育的役割を果たしていました。そもそも論文は、文字通り step by step に議論を積み重ねてゆくことで成り立っています。そのステップ（階段）を一段上るたびに、何らかの論理的な飛躍が起こります。というより、飛躍しなければ先に進みません。そしてそれこそが、論文の価値を決定するものですし、また議論に挫折するというのも、この飛躍に関わることです。この飛躍を行う途は二つしかありません（これは哲学者のデカルトが言っていることです）。すなわち、自分で考え抜くか、権威を借りるかです。この場合「権威」とは、いわゆるビッグ・ネームや大御所に限りません。その問題について考え、その議論の有効性が既に認められている先行論文は、すべてここで言う「権威」に相当します。平たく言えば、先行研究を参照するか、自分で考えるかしなければ、議論の階段を上ることはできません。

このことは、専門的な論文に結晶する学問と、他のさまざまな知的活動との違いを生み出します。ひるがえって、わたしの懐いている意見や見解、感情や思想など、学問によらない知的な結晶の形態を考えてみますと、そこにも多くの飛躍が含まれています。むしろ飛躍に満ちていると言うべきでしょう。自分では当たり前と思っている考え方、価値観、判断が飛躍の隙間を埋めています。友人たちとの議論の場面を考えてみましょう。この当たり前の判断を人びとが共有しているとき、会話は和気あいあいと進みます。しかしときに、意見が衝突します。その意見の衝突の多くは、それぞれのひとが当たり前と思っている価値観、判断が食い違っていることに由来するものです。すると、衝突は実は根深いものであることが、垣間見えてきます。議論になると、相手を説得しようとしますから、一見したところ論文と同じように、論理に訴えたり、権威を持ち出したりします。では、論文とこの種の議論は、どこが違うのでしょうか。違いが浮き彫りになるのは、「権威」の性格と役割においてのことです。

『論語』や『聖書』、レーニンやマルクスなどが絶対的権威となっている社会を考えることができます。そのような知的風土のなかでは、論争においてその権威を持ち出すなら、その議論は終りになります。また、わたしたちのなかでの議論が白熱し、収拾がつかなくなったとき、一方が『論語』にこう書いてある、と言ったとします。もちろん、『論語』が世間に広く権威を認められた古典だが、自身にとっての絶対的権威ではない、としての話です（個人的に信奉している絶対的権威を持ち出すのは、少なくとも非常に無粋です）。その引用が的を射ていれば、「もう疲れた、このあたりでやめよう」という洒落た幕引き宣言になることでしょう。いずれの場合も、「権威」は或る共通の性格を示しています。それは、その権威の言葉について、それ以上追及しない、ということです。

論文における「権威」は性格を異にします。その権威は人びとの信奉によって支えられているのではなく、なかに含まれた論理の力によって認知されたものだからです。アルキメデスの法則やパスカルの定理において、アルキメデスやパスカルは権威にちがいありません。しかし、それは単にかれらが偉大な物理学者、数学者だった、という事実によるのではありません。その法則、定理は、議論なしに通用していますが、必要とあれば、誰でも、いつでも議論を繰り返し、証明することができるがゆえに認められた権威です。文系の論文における権威も同じことです。そのひと、その論文の議論の正しさを認めずに、有名だというだけの理由で或る先行研究に寄りかかることはできません。「権威による議論」もまた、潜在的な論証を基礎としているものです。従って、権威を借りると言っても、結局は、自分で考え抜くことと同じようなことになります。自分で考えるプロセスの一部分を、他人に導いてもらうことです。そしてその議論について、全面的に自ら責任を負うことです。功績はその「権威」のものですが、責任は共有しなければなりません。異論が提起されてくるなら、それに対して論を弁護し、弱点があればそれを補わなければなりません。要するに、論文とは、全面的に論理によって組み立てられた構築物だ、ということです。

この論理的な責任の感覚こそ、学問的風土が培い、伝承してきたものですが、「情報空間」のなかでは希薄です。知的環境において後者のヴォリュームが圧倒的なものになると、気づかぬうちに研究不正へ通じる道ができてくるおそれがあります。「コピペ」という軽い言葉を考えましょう。かつて論文は手書きに決まっていた時代、「糊とはさみ」という言葉がありました。「はさみ」は「コピー」、「糊」は「ペイスト」に相当しますから、意味は同じです。しかし、それぞれの指している実態は、相当に違うものです。「糊とはさみ」で作った論文とは、借用だけで構成された創意のない論文のことです。対象とするテクストと既存の研究論文をつぎはぎしたという意味で、そこには軽蔑の響きがありますが、不器用な誠実さを認める含意も感じられます。無断の借用など問題外で、たくさんの研究論文を読み、重要と思われる箇所を丹念に書き留めることが前提ですから、その学問的な精進に対する敬意さえ込めて「糊とはさみ」は語られていた、と言ってよいと思います。

しかし「コピペ」は違います。まず、借用されるテクストが違います。「はさみ」が切り取っていたのが論文だったとすれば、インターネット上で「コピー」されているのは情報だ、と言えるでしょう。著者名の刻印された文章に対して、非人称的な（誰が書いたのか分からない）記事という違いです。

IT時代になり、流通する情報が飛躍的に増大した、という重要な事実が背景にあります。量が増えれば、個体差が目立たなくなります。論文の発表形態にも影響は及んでいます。かつて、紙に印刷された学術誌のみが論文を公表できる場所でした。その数は限られているので、学術誌には権威が認められ、そこに公表された論文には、既に一定の評価が与えられていました。やがて、大学はもとより個々の研究室も研究紀要を刊行するようになると、論文のインフレーションが起こります。数が増えれば、昔ならふるい落とされていた論文も印刷されるようになります。インターネットはこの傾向に拍車をかけました。公表に要するコストが、印刷とは比較にならないほど低廉だからです。ウェブジャーナルがたくさん創刊され、個人的にホームページを開設してそこに論文を載せることもできます。そのほとんどの著者は、読者にとってなじみのないひとなので、「名前による判断」は効かず、どれを読んだらよいのか迷う、という状況が生まれてきました。この状況下では、優れた論文を判定する能力が必要になりますが、その能力は育ちにくいように思います。「情報」に適用されるのは、役に立つかどうか、という基準だからです。

「情報をコピーする」ひとの行動スタイルも必然的に変化します。これは、現今の不正問題において決定的に重要なものと思いますが、実は、わたしがよく理解していると胸を張って言えない現象です。以下は、インターネット上の情報を活用する際の自分の経験をもとにして推測したものです。特に若いひとたちに教えてほしいと思っているところでもあります。そのわたしの推測は次のごとくです。——今の大学生たちの多くは、入学するとき既にインターネットになじんでいます。パソコンを使っていないひとでも、携帯電話をもたないのは少数派で、多くのひとはスマートフォンをもち、それを使いこなしています。インターネットとつながると、無数の情報への通路が開けてきます。ニュースや知識、さまざまなもの（本、映画、CD、イヴェント、グルメなど）についての情報や「レビュー」などです。その大きな特徴はユーザーの受け身の態度と、情報の非人称性ではないかと思います。もちろん、ある特定の情報を積極的に探すこともありますし、文章の責任を明記したサイトもあります。しかし、大量に消費されている情報は、それ自体一種の娯楽となっているもので（ネットサーフィン）、特に必要というわけではないものです。必要上調べた情報も、その多くは無署名の、誰が書いたのか分からないテクストとして与えられます。大学生がよく参照しているのがウィキペディアで、わたしも使います。世界中の国々に根を張った無料で使えるインターネットの百科事典で、寄稿者はヴォランティアで、無署名です。なかにはハイレベルの項目もあり、また既存の百科事典（平凡社、ブリタニカ、ラルース、ブロックハウス等々）が取り上げていない項目も多数ありますし、何よりその簡便さが魅力です。しかし、印刷された事典類に替えて論文に使えるかというと、少なくとも現在の段階では、多くの学者は否定的だと思います。その基本的な問題点は、記述内容について責任の所在が不明だからです。確かにこのサイトの運営者たちは、内容をチェックし、公開後も専門家からの指摘を受けて修正を加える、という態勢をとっているようです。これは適切で優れた方針ですが（学問上の定説も、このようなプロセスを経て形成されます）、そのためにすべてのテクストが常に不確定な性格を帯びることになります。署名されていれば、その記事は、その時点におけるそのひとの説、意見、ということになります。しかし、無署名の記事は、いわば誰の意見でもないものです。個人的な偏りがないのはよいことだ、という考えもあるでしょう。しかし、これについては「論文とは何か」を考えた際に、既にお話ししてあります。「情報」でさえ、個人的偏りがない、と考えるのは幻想です。流言飛語や伝言ゲームのことを考えれば、そのことは十分に理解できるでしょう。まして、文学作品や哲学説など高度に複雑な構築物について、その理解は「各人各説」であり、どの解釈にも名札がついています。無署名の記事は、この名札を隠すものと言えます。非人称的な情報は、どこから来たものか素姓のはっきりしない、その意味でいわば浮遊しているものです。

この情報空間に能動的に関わっているひともいます。ブログのページをもっている人は少数かもしれません。ツイッターやフェイスブックのようなＳＮＳ（Social Networking Service）には、より多くの人が参加して、「発信」を行っていると思われます。その発信内容は、個人的な思いや意見、評価などですが、そのほとんどは「どこかの誰か」の意見として、無名の情報空間にのみ込まれてゆきます。責任を伴わない発言は、それ自体が流言飛語の性格を帯びることになります。このような発信の経験は、その学習効果において危険です。言葉を発することに伴う責任の意識を麻痺させるおそれがあるからです。

情報化社会とは、浮遊する情報の空間のことです。事実、インターネットにアップされた情報は、アップした当人が削除しないかぎり、浮遊し続けます。アドレスがあって呼び出すことができますが、その「住所」は固定した物理空間のなかの特定の場所ではありません。アドレスは呼び出し信号であり、そこに呼び出されてくる情報は、文字通り浮遊しているのです。浮遊する情報は、使えるなら使う、ただそれだけです。その情報源の信憑性など考えもしません。何しろ世界中に流通し、誰もが利用している情報なのですから。情報のこのような活用法の延長上に「コピペ」があります。イヴェントの情報も、美味しいラーメンの情報も、学問の学説の情報も均一化します。情報空間のなかでは、学問の領域だけを区画する意識はないでしょう。この風土のなかで「コピペ」は、自然に、無邪気に生まれてきます。学問にとっては「コピペ」は特殊な現象ですが、現代の情報空間の側からみれば、学問こそが特殊なのかもしれません。学問の側からこのギャップを埋める努力をしない限り、「コピペ」は増殖してゆくに違いありません。

論文を書くひとの方にも、審査の状況についての再認識が必要です。昨年（二〇一三年）来、文科省令によって、すべての博士論文をインターネットで公開することが義務づけられました。その論文が、典拠を示さない「コピペ」を含んでいると、厳しいネットユーザーの追及を受ける可能性があります。審査員の先生方は、論文の本質的な部分に注目しますから、細部の無断借用を見落とすかもしれません。しかし、世の中にはあらさがしの大好きな人びとがいます。「コピペ」が簡単にできるということは、簡単に見つかるということでもある、と認識しなければなりません。さらに、「コピペ検索ソフト」なるものが開発されていることを、わたしは最近になって教えられました。現在開発されているのが、どれくらいの精度のものであるかは知りません。しかし、急速に改良されてゆくことは間違いないでしょう。チェック体制がこのように厳格になってゆくなかでは、論文の書き手は不正な書き方をしないだけでなく、無用の誤解を招かないように心掛けることが必要です。

最後に二点、書き添えておきます。論文の無断借用、盗用を含め、研究上の不正が発覚しますと、関係者が後の処理に忙殺されます。論文の場合であれば、第三者からなる調査委員会が構成され、指導教授や審査員はいわば証人かつ被告の立場に置かれます。不正の事実の細かい洗い出しにとどまらず、不正を生み出した動機や状況が調べられます。再発防止の観点から、大学（あるいは研究所）の組織、体制、運営法などに問題がなかったかどうかを検討しなければならないからです。指導教授や審査員はもとより、第三者である調査委員も研究者です。仄聞するところでは、この調査が一年にも及び、その間、研究を中断せざるをえなかったという先生もおられるようです。論文の筆者の無思慮がこのような事態を引き起こすとすれば、あまりに理不尽なことではないでしょうか。

もうひとつは先生方へ。研究上の不正に関わる問題が頻出している状況を見ますと、今後、事態が一層深刻化してゆく危惧があります。「コピペ」の摘発は、必要ではあっても、モグラたたきのようなことにしかならないように思われます。大切なのは、なるべく早くから、大学生なら一年次から、できれば高校生のうちから、学生たちに適切な認識をもってもらうことです。現にかれら／彼女らが生きている情報空間の性格と、学問がどのようなものであるかについての認識です。右にも述べましたが、わたしは本書において、そのことを語ろうと努めています。しかし、先生方の直接の教育にまさるものはありません。この認識を与えることが、単に論文の不正を予防するだけでなく、論文執筆の本来の効果を上げるうえで、最も有効な途であると思います。

2　テクストと参考文献

ここからは、具体的な主題を取り上げます。いずれも論文のモラルに直接関係する問題で、最初はテクストと参考文献です。この区別は、論文を書くうえで最も基礎的なもので、既に経験のあるひと、修士論文や博士論文を書こうとしているひとなら十分承知していることです。しかし、初めて論文を書くひとのなかには、この区別が分かっていないひとがいないとも限りません。ここでテクストというのは、研究の対象になる著作や作品のことであり、参考文献とは、それについて既に書かれている先行研究のことです。言いかえれば、あなたの書こうとしている論文は、同じ対象について論じるという点で、あなたの参照する参考文献と同じ位置にあります。この意味で、参考文献類は、あなたの仲間であるとともにライバルでもある、と言うことができます。研究の対象となるテクストと、それについてのひとつの「意見」である参考文献とを区別できない、ということは、書こうとしている論文というものの性質を間違えて考えている恐れが大いにあります。

あなたが、「シェイクスピアの宇宙観」という主題で論文を書こうとしている、としましょう。そのとき、研究者A氏が「『リア王』における宇宙感覚」という論文を書いているのを見つけます。実は逆で、A氏がこの問題についてどこかに書いた短いコラムを読み、そこから卒論の主題を思いついたのかもしれません。その記事に感銘を受けたあなたは、その内容を友達に熱っぽく語るでしょうし、論文指導の時間にも自分の論文のアウトラインとして説明するでしょう。しかし待ってください。あなたが「シェイクスピアの宇宙観」という論文を書くとすれば、対象となるのはシェイクスピアの諸作品であり、このテクストについて語るのはあなたであって、A氏ではありません。A氏の「『リア王』における宇宙感覚」もしくはコラムの記事は、参考文献にほかなりません。ということは、あなたは「シェイクスピアの宇宙観」について、A氏とは異なる意見を提出しなければならない、ということです。周囲の目で以て客観的に見るなら、あなたはそれについてA氏とは異なる考えを懐いたので、論文を書いている、ということになります。

論文の主題はうまく設定できたのに、いざそれについて論文を書こうとすると困ったことになります。A氏に魅了されていればいるほど、ほかに書くことは何もない、ということになりがちです。実は、これは経験を積んだ研究者の間でも、見られないことではありません。すぐれた研究論文は、当然、知的な刺戟に富んでいますから、それに反応するのは当然です。わたしなら、それについてA氏と異なる見方ができなければ、論文の主題として取り上げることはしません。経験を積んだ研究者なら誰でもそうすると思います。次に書く論文の主題を複数考えているかぎり、それで支障は生じません。ところが、卒業論文を書こうとしている学生諸君の場合、主題の候補がいくつもあるわけではありません。A氏の説に共鳴して、それについて自分でも調べたり考えたりしてみよう、というほどの強い知的な関心を覚えたのであれば、それは非常によいことです。そのような関心に基づいて設定された主題は、よい主題です。よい主題を立てると論文が書けなくなる、というのはディレンマというほかありません。どうしたらよいのでしょうか。

卒業論文を書こうとしている初学者の場合、別の主題ならよい論文が書ける、という可能性は少ないでしょう。わたしは、「シェイクスピアの宇宙観」を主題とすることを勧めます。しかし、テクスト、すなわち研究すべき対象はシェイクスピアであって、A氏ではありません。地道に、シェイクスピアの作品を注意深く読み、ノートをとって、そこに見られる「宇宙観」を読み取る、という努力をしてください。A氏の呪縛が強ければ、その説をなぞるような論文しか書けないでしょう。しかし、卒業論文としては許されるのではないでしょうか。A氏がコラムに書いたにすぎない説を、作品に即して検証するということは、既に相当に意味のある仕事です。理論物理学者の立てた仮説を実験によって裏付ける、というのと似た意義があります。A氏がすでに論文にしていたという場合でも、その解釈の思考過程を自分で再生し、確かめる、ということは、卒業論文という課題の要求を満たしています。最初に説明したように、文系の多くの大学において卒業論文が必修であるのは、〈知的な理解が能動的な生産によって達成されるということを実習すること〉だからです。

これが、博士論文や研究者の専門的な論文であるとなると、話は違います。稀なことですが、誰かの説に呪縛されたような論文がないわけではありません。シェイクスピアの作品を丹念に読み、そのテクストに基づいてその宇宙観を解釈しているのですが、その解釈の重要なポイントはことごとくA氏の論文を参照し、その説を借りている、というような論文です。体裁はととのっていますが、論文としては無価値です。ことさら新しい論文を書く理由がないからです。そこで今度は、論文としての存在理由を確保するために、敢えてA氏に異を唱える、という型の論文も出てきます。この場合には、書き手自身の批判力が批判と評価の対象になります。十分な根拠なしに、多くのひとを納得させている説を批判するなら、批判した論文の価値が疑われます。論文が、端的に論理の勝負だ、ということを忘れることはできません。博士論文を書こうとしているひとが心すべき点です。

以上の問題は、参考文献の役割に関わることで、根本は、テクストが主で、参考文献はあくまで参考文献だ、ということに尽きます。テクストを読まずに参考文献を読んだだけで論じる、というのは論外です。友達の輪の中で、誰かが村上春樹の面白さを語り、みんな読んでいるのが当たり前だというふうに相槌を求める、ということがあります。すぐに同調するひとが何人もいると、一行も読んでいないあなたも、「本当にそうだよね」と話を合わせるかもしれません。心の隅が少しばかり痛みながら。その痛みは、他人の「意見」を自分のものとして、自分を偽ったことによるものでしょう。

もちろん、お茶の席のことは、目くじらを立てるほどのものではありません。しかし、論文の場合には困ります。何しろ、論文を書くことは、知的な意味でのことですが、自分の責任で行うことです。シェイクスピアに関する参考文献は、シェイクスピアに関する他人の意見です。参考文献を読んだだけで、それに基づいてシェイクスピアを論じるとなると、ひとさまの意見を自分のものだと偽ることになります。場合によっては剽窃と見なされるかもしれません。

このように面倒なことなら、テクストは仕方ないにしても、いっそのこと参考文献は参照しないようにしたらどうだ、という考えが出てくるかもしれません。先行研究を参照しなければ、解釈のうえで他人の影響を受ける心配もなくなります。しかし、これは可能なことでしょうか。学ばないほど独創的になる、という考えですが、本当でしょうか。独創的なひとは人一倍学び、そこから養分を得て独創的になっているのに対して、独創的でないのは、学びすぎたためなどではなく、始めから創造力に恵まれていなかった、というのが事実ではないかと思います。自分の興味に即して主題は決まったが、それについて何を問題として論じるかというテーマが見つからない、というケースのあったことを思い出してください。これは、例外的なものではなく、非常に頻繁に見られることです。このような場合に、先行研究を参照することによって、テーマを見つけるみちが開けることが珍しくありません。先行研究のない主題を立てると、何をどのように論じてよいか途方にくれる、という羽目になることさえあります。公にされている論文を読むと、自分が魅力を感じている作品や著作に関して、これまで研究者たちが何を問題としてきたかが分かります。たとい拙くとも、研究論文を書くということは、その分野の学問的な討論の場に参加することです。博士論文のような本格的な研究論文なら、主要な参考文献をもれなく読んでおく、ということが不可欠です。学界が共有している知見を前提として、新しい発言をしなければならないからです。卒業論文は、いわばその真似事ですが、本格的な流儀を真似るべきです。そのようにして初めて所期の目標、すなわち、論文を書くという能動的な努力を通して、理解と発見、そして精神の創造的な発想の仕方を習得するという目標を、よりよく達成することができます。

3　借用と剽窃

参考文献は「他人の意見」ですから、これを考えるなかで、既に剽窃に触れるところがありました。それに先立って「研究不正」の問題として取り上げた「コピペ」は、剽窃の現代的形態です。剽窃とは、「他人の文章・作品・学説などを盗用し、自分のものとして発表すること」(『明鏡国語辞典』)であって、単なる「無断借用」ではありません。そこには、借用の事実を隠そうとする意図が介在していますので、いかがわしい行為です。理科系の実験科目や社会科学のアンケート調査のような場合、剽窃に加えて、データの改竄、捏造という行為があります。これらは実証性を求めて行われている研究なので、根拠のない数値を事実として公表することは、ときには深刻な問題を引き起こします。危険な副作用のある薬が認可されたり、政策の決定に影響を与えたり、成功の見込みのない研究に巨額の公費が投入されたりした、というニュースをわれわれは読んだり聞いたりしたことがあります。文系の場合、こういうことはあまりありません。文系においてありうる虚偽が「剽窃」です。

剽窃は、理科の実験科学や社会科学の調査研究における不正のように、社会に対して深刻な影響を及ぼすという性質のものではありません。学生なら試験のカンニングに似ています。卒論における剽窃は、カンニング同様、学内で処分されるでしょう。しかし、博士論文や研究者の論文、著作の場合には、データの捏造と等しく、研究者の行動規範に対する重大な違反として、厳しく断罪されます。職を失い、研究者としての途を閉ざされる、さらには社会的に非常に不名誉な烙印を押される、ということも珍しくありません。

カンニングの場合を考えてみます。大学を卒業して時間が経ち、社会的に活躍しているひとが、酒の席や座談のおりなどに、学生時代のカンニングを自慢げに話すのを聞くことがあります。もしも、若いころにわずかなものにせよ窃盗をはたらいた、というような場合であれば、それをひとに話したりせず、むしろ隠そうとするでしょう。それは犯罪で、いまとなっては逮捕されたり処罰されたりすることはなくとも、自らに対する人びとの評価に深刻なダメージを与える、と恐れるからです。それに対して、カンニングを自慢するということは、それが犯罪というようなものではなく、若者にありがちな悪戯のひとつだ、と考えているからに相違ありません。事実、それによって誰かに損害を与えている、ということは見られないからです。この無邪気な悪戯の意識と、それが発覚した場合の処罰の厳しさの間の落差には、驚くべきものがあります。子供の悪戯を、大人は大目に見るでしょう。カンニングが見つかると、大目に見てもらえる可能性はありません。調べたわけではありませんが、ほとんどの大学は、最も厳しい場合には退学処分もありうる、と定めているのではないか、と思います。剽窃を行った研究者が、学界から追放されるのと同様です。剽窃やカンニングが、学問に従事することや、学問を通しての教育を受けることに対して、本質的な違反行為である、と考えられているわけです。問題は倫理的であり、他人や社会に対して害や損失を与えたかどうかという面から考えるのは、的はずれです。

問題のおおもとは、事実と意見の区別にあります。考えてみると、ほとんどの「事実」は社会的に共有された知識です。ひとりひとりの個人が確かめることのできる事実など、たかが知れていますし、それも確実な認識かどうか心もとないものです。鎌倉幕府が何年に開府したかという類のことになると、お手上げです。歴史の教科書や年表に頼るほかはありません。この事実について、近年異説が提起されている、ということに言及しました。事実に関する意見というものがあるわけで、歴史研究はそのような意見の形成を主体としています。誰かが、ある事実について意見を提出します。その意見を巡って議論が起こります。場合によっては異説が出されることもあります。専門家たちの論争を通して、有力な説が固まってくると、その意見は一般に事実とみられるようになり、人びとの共有する知識となります。すると学者たちは、別のところで意見を形成するようになります。学問とは、事実となることを目指して意見を述べることだ、と言えるでしょう。このように考えるなら、事実と意見の区別ができなければ、学問をすることができない、ということが分かります。意見を事実と思ってしまうなら、根拠のない考えに基づいて仕事をする危険を冒すことになりますし、逆にすべての事実を意見と見なすなら、真に論じるべき問題を見分けられなくなります。

剽窃は、意見を事実のように扱うことですが、素朴な思い違いではありません。意見にはその意見の持ち主の名札がついています。意見が事実となって共有されるようになると、名札が取れてゆきます。それでも、アルキメデスの法則やパスカルの定理のように、どこまでも名札が残るものもあります。原理や法則、説などに固有名をつけておくのは、それに言及するうえでの便宜のためですが、その発見者、提唱者に対する敬意の意味合いもあると思います。このように公認されるに至った意見は、事実というよりも真理と呼ばれ、その発見者、提唱者の洞察力や思考力の証と見なされます。剽窃は、意見から名札を剝がし、それを自分の論文のなかに取り込んで、それが自分のものであるかのように思わせることです。これを姑息な小細工ではなく、重大な不正と見るのは、それが学問の最も基本的な活動の意味を蔑ろにする行為だからだ、ということは何度も指摘してきました。

剽窃はいけません。間違えても剽窃はしない、というための根本的な備えは、日ごろから事実と意見の区別をつけることです。なにしろこれは、伝言する場合にも、友人との会話のなかでも必要な区別ですし、社会に出て責任ある仕事に就くなら、最も重要なわきまえのひとつとなります。会議でリポートするときには、あなたの話していることが端的に事実なのか、それともあなたの意見にすぎないのか、それとも誰か別のひとの意見なのか、という区別は、常に求められます。このようにお話ししてくると、そのつもりがないのに剽窃と見なされて不正を責められることはないのか、という恐れを懐くひともいるかもしれません。文章をそっくり借用しながら引用の手続きを取らなかった、という場合には、剽窃と見なされます。しかし、どこかの本のなかで読んだような気もするが、自分が考えたことのようにも思える、というケースがたしかにあります。「レミニッセンス」（もとはフランス語 reminiscence）と呼ばれる現象で、これは避けられません。わたしたちの精神は、個別の経験の個別性を忘れて一般的な知識に組み入れていきます。基礎的なくくり上げです。特別な経験だけが、その特殊性のまま記憶に残されています。誰もがりんごの形も香りも味も知っていますが、いつどこで最初にりんごを食べたか覚えているひとはまれでしょう。ところが、初めてフランスに行って、コンビニの店頭にあった萎びて小さなりんごのことは忘れない、という具合です。思想の場合、経験をよく説明してくれるものとして共感した思想は、経験に溶け込んでしまい、自分で見つけたか他人から学んだかが、不明になりがちです。このようなレミニッセンスが剽窃とされることはありません。

剽窃とされるのは、文章をそのまま写し取った場合です。一行とばしたり、漢字をかなに、かなを漢字に変えたりする小細工は、却って借用の事実を隠すためのものと見なされるでしょう。論文において他人の説や考えを借りることは、何ら不名誉なことではありません。そのことをせずに自分の考えを形成することは不可能です。そして、求められているのは、借用の事実を明記しておくことだけです。簡単なことなのです。それなのに時折剽窃の事実が報告されるのは、不思議に思われるところもあります。想像するところ、借用が全面的なものなので、その事実を明らかにしたなら自分の論文ではなくなってしまうということかもしれませんし、さもなければ歪んだ功名心によって、部分的な剽窃を行う、というのではないでしょうか。余人の測り知れぬ心理があるのかもしれません。

4 引用

対象としているテクストであれ、参考文献であれ、そのなかの文章や語句をそのまま取り込むのが「引用」です。

まず、研究の対象としているテクスト（シェイクスピアやカント）を引用するのは不可欠です。カントの「美と善の関係」に関する思想を論じようとすれば、カントのテクストを取り上げてそれを吟味し、説明したり、不明瞭な箇所を指摘してその解明を試みたりして、カントが何を問題とし、それについてどのような解答を与えたのかを明らかにする、というのが研究です。カントのテクストについて議論する場合の、そのテスクトの扱い方は、要約するか引用するかの二つです。要約する場合には、あなたの言葉に置き換えられるので、厳密にカントのテクストとは言えなくなります。そのテクストの字句に拘るような解釈をするのでない部分に適しています。しかし、詳細な検討を必要とする場合には、テクストをそのまま摘出して、それを細部にわたって分析することが欠かせません。語句についても、キーワードもしくは「符牒となる単語」については、カントの用語をそのまま使う必要があります。また、右に詳しく検討したように、電子テクストの流通とともに、“copy & paste”は容易になりましたので、要約の方が手間がかかるという状況になりました。しかし、何でも引用すればよい、と思うのは早計です。要約はあなたの言葉なので、要約のなかにあなたの読み方が反映してくる、ということがあります。テクストを長く引用しながら、そのまま先に進む、というのはありえないことです。そのテクストのなかの何に注目しているのか、またその箇所をどのように理解しているのかを語らなければ引用する意味がありません。これは要約と同じ作業で、対象とするテクストの内容を自分のものに変えるという段階が不可欠です。これができなければ「糊とはさみ」しかできないことになります。要約の重要性は、既にお話ししたところです。

先行研究を参照する場合も、扱い方は同じです。要約するか引用すべきかは、その箇所の重要性によることでした。参考文献の引用に関しては、さらに厳格な判別が必要になります。その文献をわざわざ引用する必要があるのか。その文献にそれだけの価値があるのか、という吟味です。対象とするテクストの引用は不可欠です。カントを論じるのにカントのテクストを取り上げないわけにはいきません。しかし、その問題についての先行研究を参照することは、同じように必要というわけではありません。それでも、先人たちの書いた論文の参照は、修士論文や博士論文、専門的な研究論文の場合には、不可欠と言えるくらいの基本的流儀です。研究が積み重ねである、ということが、根本的な理由です。これまでにその同じ問題を考えた人びとの、思索や苦闘のあとをたどることによって刺戟を受け、教えられる、ということもあります。また、自分で発見したと思っていることが、実は既に指摘され、多くの研究者が共有していた、ということもありえます。逆の面、すなわち先行研究を批判する、ということも重要です。研究が積み重ねである、ということのなかにはこの批判的継承ということが含まれています。特に批判の面を考えたとき、学ぶべきものから学び、批判するに値する議論を批判する、という価値判断と選別の必要性が見えてきます。無価値な論文を大事にして長々と議論するというようなことをすると、あなた自身の能力が疑われます。何を取り上げるべきかという見極めは、初学者には相当に難しい課題です。批判的な能力もまた、研究を重ねるなかで培われてゆくものだからです。それでもなお、卒業論文を含めて学位論文には、筆者が研究を重ねているという研鑽の事実を示すことが必要です。必読の文献と重要な研究は、論及するなり、そうしないものについても注記するなどを怠らないようにしましょう。

引用部分は長ければ、また特に重要なら独立したパラグラフを与え、文中に引用する場合には鍵カッコ（「……」）で囲み、出典箇所を明記します。この注記の仕方については第一〇章でお話ししますが、文献を提示するうえでの一般的な注意があります。著者名とタイトルの原語と、出版（もしくは執筆）の年代を添えることです。外国語文献を引用、参照する場合にはその重要度に応じて、もとのタイトルを併記します。それをしない場合でも、その刊行年を書くことは必要です。文系の学問では、その作品や論文がいつ書かれたかということが、決定的に重要だからです。天動説を唱えることは、中世なら常識ですが、コペルニクス（一四七三〜一五四三）やケプラー（一五七一〜一六三〇）の時代には保守的、それ以降になると異端、地動説が一般に受け入れられたあとなら、無知であるか、風変わりであるか、あるいは革新的であるか、というように年代によって意味を変えます。日本史のことなら、江戸幕府の開府と明治維新のうち、どちらが前か後かを知らないひとはいないでしょう。しかし、西洋のことになると、ルネッサンスとフランス革命のどちらがさきかを知らない学生が少なくないことに、唖然としたことがあります。これでは西洋の文学や思想を論じることはできません。いくつかの歴史的な年代を記憶し、自分用の年表を頭の中にもつことが不可欠です。

5　注の意味と付け方

注が論文の本質的な部分であることは、既にお話ししました。その重要性は、つまるところ、注が本文の議論を支える証拠を示す場所だ、ということに由来します。注には、次の三つのかたち、あるいは役割があります。

（1）引用に際して、その引用文（語句）の出典箇所を注記する。「出典注」と呼ぶことにします。

（2）自分の説や解釈を提示したとき、それに関連する先行研究や他の説を注記する。これらは、本文において紹介してその説や読み方に同意するとか、批判するとかするほどの必要がない、という場合の扱い方です。「ただし書き注」と呼ぶことにします。

（3）同じく、本文の議論の流れからすれば「脱線する」ことになるのだが、それでも重要な事実や思想、文献などを紹介しておく、というものです。「ちなみに注」と呼ぶことにします。

これらに共通しているのは、あなたの議論と研究の舞台裏とその厚みを示す場所になっている、ということです。出典注は、学位論文なら付けなければいけないものです。一般の読者に向けて書く本の場合には、引用はしても、誰のどの著作の言葉かを記すにとどめ、その出典箇所を注記することはあまりしません。専門的、学問的なものという印象を与えるからだろうと思います。専門的な主題の本でありながら出典注がない、という場合には、そこに著者の著作態度を読み取ることもできます。例えば、〈わたしはアカデミックなスタイルでこれを論じようとしているわけではない〉と暗示しているのかもしれません。これは初学者には許されない姿勢です。

「出典注」をつけることの意味は、その引用文が次の箇所にあり、確かめることができます、というメッセージです。確かめるというのは、字句の正確さだけでなく、文脈のなかでの趣旨を含めて、引用が適切であることを確認することです。そのため、シェイクスピアのように詩の場合には行数を示すことで的確にその箇所を特定することができますが、カントのように散文の著作の場合、参照すべき標準的な全集が確立していて、それに従わなければならない、ということがあります。これは学界の慣習のようなもので、ほかの版から引用すると論文として失格だ、というわけではありませんが、それを承知している、ということを示すことも大切です。この慣習自体、十分に根拠のあるものです。特別の理由もなく、珍しい版から引用すると、誰もそれを調べられないからです。

面白い話もあります。学者や学識あるひとに関する素朴なイメージは、物知りだということでしょう。それは当の学者の意識のなかにも潜んでいるようです。誰も知らないような著作や資料を発掘してくることに、情熱を燃やすひとが確かにいるからです。そのような出典注は、学識のほまれのような効果を持つかもしれません。それまで読むひとがいなかったということは、実は、内容に面白いところがないからだと言って、間違いないと思います。ですから、それを使ってひとを感心させるには、特別な読解力が必要です。ひょっとすると、埋もれていた重要な著作の発掘、ということになるかもしれませんが、稀なことでしょう。一般に出典注に示された箇所をわざわざ確かめるひとは、あまりいません（学位審査の場合には、チェックされると考えなければいけません）。しかし、歴史に埋もれた著作から目覚ましい意味を引き出しているような著作に出会うと、それを確かめてみたくなるひとも出てきます。解釈は素晴らしく刺戟的なのに、原著を読んだら退屈なものだった、という話も聞きます。有名な著者が重要な説の根拠として引用している珍しい著書に当たってみたところ、その著作は確かに存在するが、その引用箇所はどうしても見つからなかった、という愉快な（？）話もあります。記憶やメモの間違いだったのでしょうか。それとも意図してのことでしょうか。いずれにせよ、われわれ凡人は、慎重な注記を心がけるべきところです。

「ただし書き注」や「ちなみに注」において言及する文章や説の扱い方にも一言しておきます。これらは文章で書かれる注です。本文におけるのと同様、注の場合にも、そのまま引用することもあれば、こういう内容だという紹介にとどめて出典箇所を示しておく、ということもあります。その箇所をどの程度重要と考えるかの判断によって、この扱い方の違いが出てきます。

「ただし書き注」と見るべきものに、謝意の表明があります。個人的にあるヒントを与えてもらったことがあり、そのアイディアを本文で使った、という場合には、その箇所に注をつけ、謝意とともにその事実を明記することが礼儀です。間違えないでください。礼儀ですが、単なる儀礼ではありません。専門の研究者なら、アイディアは貴重な財産です。特に専門領域が同じ研究者同士なら、友人にヒントを与えて、それを使われたために、自分がそれを展開しようとしたとき、オリジナリティを主張することができず、却って先行研究としてその友人の論文を引用しなければならなくなる、という羽目になるからです。あなたがこの点で礼を欠くなら、今後、友人からアドヴァイスをもらえなくなる、という恐れがあります。

どこまで謝意を表すべきかという問題があります。これは、どこまでが他人から借りたもので、どこからが自分の生み出したものと言えるか、という難しい問題の一端です。極端な一般論を言えば、わたしたちの書くものは、みな借りたこと、学んだことの組み合わせにすぎない、ということも確かなことのように思われます。しかし、その組み合わせはもとより、そもそも何か特定の事柄に関心を寄せるのも、多分あなたにしか見られないことでしょう。それは誰についても言えることです。あなたの草稿を読んでくれて、何かのヒントを与えてくれた友人は、そのことについてあなたのもっていなかった知識と関心をもっていたわけです。誰もが知りうる事柄であったとしても、あなたは、その事柄に対して、友人のお蔭で目を開かされたのではないでしょうか。わたしはそのように考えて、(そう頻繁にあることではありませんが)謝辞を書くようにしています。このように言っても、判断が微妙であることに変わりはありません。誰かから教えられなかったような知識はないからです。一例を挙げます（例が不要というひとは、最後の段落までとばしてかまいません）。

わたしの専門領域のことです。多くの方は、藝術の本質は美だ、と考えておいででしょう。便器のアート（M・デュシャン『泉』、一九一七年）のことはどなたもご存じと思いますが、これは美しい藝術ではありません。これを典型とするアヴァンギャルド・アートが有力になるとともに、藝術において美が重要性を喪い、学問的にも論じられなくなってきたのは、歴史的な事実です。しかし、二〇世紀末の八〇年代頃から、美に対する関心が復活してきました。その動向を代表する二つの著作のなかの、エピソード的な事実を紹介します。その一点、アーサー・ダントー（Arthur Danto）の『美への悪態』（*The Abuse of Beauty* という原題は訳が難しいのですが、こう訳しておきます）を、わたしは学生たちと読んできました。ダントーは、アヴァンギャルドの藝術に注目する立場に立って二〇世紀後半の藝術哲学をリードしてきた哲学者です。この本のエピグラフ（本や論文の始めに掲げる銘句）に、「美は幸福の約束である——スタンダール」と書かれているのを見て、わたしはこれが、別の哲学者から借りたものだ、と考えました。その哲学者とはアレクサンダー・ネハマス（Alexander Nehamas）で、『幸福のただの約束』（*Only A Promise of Happiness*）という著書を公刊しています。ダントーが銘句として掲げた句を、タイトルとしている美論です。ちなみに、どちらも、わくわくするような名著です。

正直に申しますと、この件を書こうとして、この二冊の本を取り出して調べてみるまで、ダントーがネハマスから借りたもの、と思い込んでいました。一方はタイトルに掲げ、他方はエピグラフとして使っているにすぎないからです。しかし、出版年をチェックして事情は逆であることを知り（ダントーの本は二〇〇二年、ネハマスのものは二〇〇七年の刊行です)、少々驚き、かつ困りました。困ったのはここで書こうと思っていたことが成り立たなくなったからです。しかしこれは、論文を書いているとき、往々にして起こることですから、そのままお話しして、そのような事例として示すのがよい、と考え、舞台裏を告白することにしました。もちろん、以下に書くことは、当初書こうと思っていたことを事実に即して書き換えています。――この銘句を、ネハマスはダントーから借りたのでしょうか。ネハマスが『美への悪態』を読んでいることは確かです。引用があり、注にもそれが書かれています(ちなみに、ネハマスの本は学問的な著作のスタイルをとっており、索引がついていますので、この種の事実は簡単に調べられます。索引については後で簡単に触れますが、ここに活用法の一端が見られます)。本は読んでいたが、エピグラフには気づかなかった、ということもありえます。ダントーのエピグラフは目次の左側のページに書かれていて、目につかない可能性があります。いまわたしがお話ししようとしているのは、ネハマスがダントーのエピグラフを読んでいた、という場合を想定したうえで、その場合にダントーからの借用を注記するか、という問題です。ネハマスは、スタンダールの言葉を本文中に引用し、それに出典注をつけています(わたしがいま論文を書いているのであれば、当然、そのページと注の場所を明記します。しかし、ここではその必要はないでしょう。特別の関心をお持ちなら、索引から調べてください。文献を探す実習になります)。注においてかれは、念の入ったことに、スタンダールの典拠を二つ挙げ、フランス語の原文を引用しています。美術的な紀行文である『ローマ・ナポリ・フィレンツェ』と『恋愛論』です。実は、スタンダールの言葉に関して、ダントーとネハマスの表現に細部の違いがあります。ダントーは「ただ only」という語を省いていて、「約束」につけられる冠詞を定冠詞にしています。ネハマスの注に引用されたフランス語原文を見ると、定冠詞形は『恋愛論』によるものであることが分かります。いまわたしは、ネハマスがダントーのエピグラフを知っていた、というケースを考えているのですが、かれ自身、スタンダールを読んでいて、その一節もよく知っていたということがありえます。ひょっとすると愛読書だったのかもしれません。その場合には、ダントーが先に使っていても、ダントーから借りたとは思わないでしょう。かれが二つの典拠を示しているのは、むきになって蘊蓄を傾けているような印象を与えないでもありません。それはアリバイの意味をもちます。しかし、これについて事実を突き止めることに、大した意味はありませんし、できることでもありません。わたしだったらどうするか、という問題として考えることにします。

わたしがダントーによってスタンダールの言葉を知ったのであれば、その事実を注記します。簡単なのは、ダントーからそのまま引用することです。学問的に良心的なのは、さらにスタンダールの原文を探すことです。これは、簡単なことではありません。『名言事典』のようなものを当たるか、専門家に尋ねるか、ぐらいしか方策はありません。典拠が見つかったからと言って、ダントーから教えられたという事実を隠すべきではない、と思います。これは剽窃ではありませんが、隠したいと思うのは卑しいことです。

ありそうなのは、スタンダールを読んだことがあるが、その言葉の記憶は喪われていた、というケースです。ダントーから借りたという事実を認めることに、心理的な抵抗があるかもしれませんが、右の場合と事情は変わりません。最後に、わたしもまた、スタンダールのこの言葉に共感し、記憶にとどめており、機会があればそれを論文に使いたいと思っていた、とします。この場合なら、ダントーを読んだときに「先を越された！」と思うことでしょう。スタンダール抜きで論文を書こうとするかもしれません。それでもやはり使いたいと思うなら、ネハマスがしているように、自前の知識を披露するでしょう。そのうえで、ダントーがエピグラフに挙げているという事実を注記するのが潔い、と思います。この場合には借用ではありませんから、ただその事実を挙げるに留めます。

繰り返しますが、これは剽窃に関わるようなことではないので、注記しなければならない、という性質のものではありません。それはむしろ、品格の問題だ、と言えるでしょう。しかし、学問をするのに品格も大事ではないでしょうか。

最後は「ちなみに注」です。研究者は、「どこかで使いたい」、「書いておきたい」という断片的な知識をいくつも持っています。それを、ことのついでに吐露するのが「ちなみに注」です。これの使い方は、ここで言葉によって説明するよりも、何本も論文を読んでゆくなかで習得するのが、適切です。具体的なかたちにおいて理解するほかないもの、と思います。「ちなみに注」は不可欠のものではありません。あるのが望ましいというわけでもありません。書き手の愉しみに属するものです。それが読み手の愉しみにはならない、という場合には、さしひかえるべきものでしょう（これはわたし自身への自戒です）。

6　翻訳の扱い

日本の文学や思想を対象とする研究の場合、翻訳は副次的です。しかし、原典が外国語で書かれたテクストを研究する場合には、翻訳の問題がついてまわります。世界的に著名な記号学者で哲学者のウンベルト・エーコは、大衆化した大学の学生のために著した『論文作法』のなかで、翻訳を使って論文を書くことは論外としています。かれの要求はきびしく、ニーチェの論文を書くためには、ニーチェが著作したドイツ語をマスターしているだけでなく、最近の重要なニーチェ論がフランス語で書かれているので、フランス語も読めなければならない、この二か国語ができなければ、ニーチェについて論文を書いてはいけない、と断言しています。卒論を書こうとしている日本の大学生の多くは、この言葉に驚くかもしれません。事実、もしもテクストを原典で読まなければ論文を書いてはいけない、ということになったら、卒業論文は立ちいかなくなるでしょう。エーコも、博士論文を念頭に置いていると思われます。卒業論文に関するかぎり、原典の読解を要求する大学は、そのような指導をしているはずですが、ごく少数なのではないかと思います。しかし、博士論文に関しては、アカデミックな暗黙のルールとして、エーコのような考え方が受け入れられている、と言ってよいでしょう。このことは、将来研究者になることを志すのであれば、学部の卒業論文を書くときから、その研究対象のテクストをもとの言語で読むようにすべきだ、ということを含意しています。その意味で、翻訳が特に問題となるのは、研究者と研究者になろうとしているひとだ、と言えます。しかし、これからお話しすることは、翻訳を使って論文を書くひとにも関わることが含まれていますので、とばさずに読んでください。

エーコが、ニーチェを論じるうえでドイツ語のみならず、フランス語をも要求したのは、フランス語で書かれた現代のニーチェ論が、イタリア語に翻訳されていないためかもしれません。事情は詳らかにしませんが、翻訳があって初めて、翻訳を使ってよいのか、使うとしたらどのようにか、ということが問題になります。日本は翻訳王国などと言われることもありますが、わたしはこれを不正確な思い込みにすぎない、と見ています。出版されている翻訳書のレパートリーは、相当に偏っていて、重要なのに翻訳されていないものがたくさんあります。それはそれとして、翻訳がある場合、誰もがそれを読もうとするのではないでしょうか。少なくとも、わたしはそうです。論文の主題としているテクストは、もとの言語で読みます。翻訳がある場合には、併せてそれを参照することもあります。しかし、参考論文なら、できれば翻訳で済ませたいと思います。原文で読んだ方が早かった、という経験はいくらもありますが、それでも訳書に手が伸びるのは、心理的な負担が少ないからです。また、主題となるテクストに較べて参考文献は重要性が低く、そこに期待する知見が相当におおまかなものである、という事情が関係しています。その重要度が非常に高い、ということになれば、参考文献もその原語で読まなければならない、ということになるでしょう。エーコがニーチェ論に関してフランス語の文献を不可欠と言うのは、そのような判断によることです。すなわち、いまニーチェに関して意味のあることを論じるには、フランス語で提出されてきたもろもろの文献と対決しなければならない、ということです。翻訳に関するこの禁欲主義、あるいは厳格主義は、偽善につながることもあります。大学院に入って研究を始めたころ、それを感じたことがあります。当時は、研究論文のなかで翻訳が言及されることは、皆無でした。誰もが翻訳を読んでいるのに、です。何とか独り立ちできたとき、わたしは敢えて翻訳書を論文のなかに挙げるようにしました。もちろん、翻訳の扱いには問題があります。それを考えるためには、翻訳の功罪を問う必要があります。

まず、翻訳の利点、有益なところに注目しましょう。それは二つあります。ひとつは、いましがた言及した実用性です。厳密なことを要求しない場合、簡単に言えば「一通り目を通しておく」というような目的なら、翻訳は読み手の労力を軽減してくれます。もしも、そこで、本腰を入れて読むべきだ、という感触を得たなら、原書に向かうこともできます。翻訳の第二の有用性は、ずっと本質的なことで、翻訳が解釈だ、という事実にあります。言語を跨ぐことによって、翻訳は必ず原文とはどこか違ってきます。この差異を一般には、"Traduttore è traditore" というイタリア語の格言の意味で受け止めているように思われます。訳すと、頭韻の与える説得力が消えてしまいますが、「翻訳者は裏切り者」という意味です（このことわざの訳そのものが、その趣旨を具現しているわけです）。しかし、およそ何かを理解するということは、一種の翻訳だ、ということを考える必要があります。その言葉なり、動作なり、イメージなりを自分のものにしなければならないからです。少し難しい言葉の理解は、かならず言い換えを伴います。何か分かりにくいことを言われたときには、少し考え、その言葉を反芻したうえで、「それはこういうことですか」と問い返します。つまり、自分の言葉に翻訳しているのです。相手は、「そう言ってもいいでしょう」と応えます。つまり、そのひとから見ると、そこには何らかの相違があるのですが、それよりも共通点の方が重要だ、ということです。われわれのコミュニケーションと理解は、このような小さなずれを伴っているのですが、そのずれは、ひとそれぞれの世界の違いを映し出すものにほかなりません。この日常的な経験に照らして考えるなら、翻訳が解釈であるということは、そこに翻訳者の個性的な理解が表現されている、ということです。確かに、言語間の違いのために、正確な移し替えができず、仕方なしに生じた意味のずれも多々あります。それでも、すぐれた翻訳は、テクストのひとつの解釈であり、テクストの研究において批判的に検討すべき価値をもつことが少なくありません。翻訳に関する上記の禁欲主義は、その可能性を締め出してしまうことになり、愚かしいルール、慣行だ、と言えます。

翻訳の欠点を考えます。欠点と言っても誤訳ということではなく、翻訳というものに伴う、避けがたい歪みという意味です。翻訳に限界のあることは明らかです。言語間で、語彙が完全に対応していないからです。有名な例は、英語の“brother/sister”と日本語の「兄弟／姉妹」で、これには訳読の際に困惑した経験をお持ちの方が少なくないと思います。日本語の「兄弟／姉妹」は自分より年長か年下かという区別を伴っていますが、“brother/sister”にはそれがありません。「A氏はB氏のbrotherである」という英文は、A氏とB氏の年齢の関係が分からなければ日本語に訳せません。窮余の一策として「A氏はB氏の兄弟である」と訳したとします（これ以外の方策があるでしょうか）。しかし、これは日本語ではありません。日本語で「兄弟」とは、「兄や弟」か「兄と弟」の意味で、例えば「わたしには男の兄弟が二人いる」というように使うものです。「A氏はB氏の兄弟である」は理解可能です。しかし既に翻訳臭、いかにも翻訳という感じを漂わせています。

翻訳のこの原理的な限界に挑戦するひともいます。わたし自身、最初の訳書を出すとき、できる限りカタカナ語を使うまい、という決心をしました。安易に原語の単語をその音で「訳す」なら、日本語は豊かにならない、と考えたからです。立派な心がけでしたが、思慮に欠けていたと思います。この限界への挑戦者に中江兆民がいます。幕末にフランス語を学び、伝手を頼ってフランスに留学し、フランスの共和思想を日本に移植しようとしたことは、ご存じの方が多いでしょう。フランス語の文献を翻訳するために、かれは漢学を学び直しました。漢字の工夫によって厳密な翻訳を志したのです。わたしは、かれの訳した『維氏美学』を原著と対照しつつ詳細に検討したことがあります。原著は当時の最新作と言えるホットなものでした。一九世紀のフランス語は言葉遣いが非常に平明な時代ですので、初等文法を修めたくらいの学力でも、この原著は理解できます。それに対して兆民の訳書は、この上なく難解です。大きな漢和辞典でなければ載っていないような漢字が頻出し、フランス語の単語を参照しなければ意味の分からない造語もあります。その漢字のレパートリーは、かれがわざわざ学んだ結果ですから、当然の結果です。かれに決定的に欠けていたのは、訳書には読者がいるという事実の認識です。読者に理解してもらわなければ、翻訳は単なる活字の集積にすぎません。

翻訳のこの限界の認識を踏まえた方策のひとつが、カタカナ・ルビです。「書かれたもの《エクリチュール》」というような表記法です。Écritureというフランス語の単語は、ごくありふれた単語ですが、それを特定の意味を強調して術語として使っているために、その点を明記する方策です。このように術語的に使われている語は、もとのテクストのなかでも際立っています。この語の普通の意味は、文字、筆跡、書体、書くこと、文書などですが（英語のwritingに相当します）、そのどれを当てはめても文意が捉えられない、という使い方がされているところから、術語的性格（著者が特殊な意味をこめて使っていること）が分かります。このような術語の翻訳法には、カタカナ・ルビを使うことのほかに二つあります。「エクリチュール」というカタカナ語によるか、「書かれたもの（écriture）」と原語を添えるかです。いずれをとるにせよ、原語を参照しなければ意味が確定しない、ということは明らかです。訳語としての「書かれたもの」はごく普通の日本語で、原語の普通の意味、というより原義的な意味に対応しています。しかし、それを普通に理解したのでは術語としての意味に到達しないので、カタカナ・ルビをつけているのです。するとこれは、"écriture"とは何かを理解しているひとにしか理解できない、ということになります。それは矛盾ではないでしょうか。翻訳は原語を読めないひとを主たる読者として想定しているはずなのに、原語が分からなければ理解できない、ということだからです。

この例に関するかぎり、矛盾ではなく、当たり前のことです。実はフランス語を理解しているからといって、この術語的な意味が分かるわけではありません。音声的な言語に対して書かれた言語のもつ特性について哲学者のJ・デリダが展開した議論を理解していなければ、カタカナ・ルビがふってあっても、「書かれたもの」の意味は分かりません。それでも、このカタカナ・ルビは〈この普通の単語をデリダが分析したような意味で理解してください〉という明確なメッセージを伝える役割を、担っています。ですから、これは翻訳の場合だけでなく、日本人の書いた論文にも使われる表現です。専門的な論文を理解するには一定の知識が必要だ、ということにほかなりません。専門の学会誌に掲載された地球物理学の論文は、誰でも理解できる、などと考えるひとはいません。それと同じことです。

取り上げた例が悪かったのかもしれません。この例は翻訳の問題ではなく、専門的知識の問題でした。しかし、翻訳を読んでいると、この訳語の原語は何だろう、という意識が常に働いています。どのようにこなれた訳文でも、読者はそれが翻訳で、オリジナルに対していかほどかのギャップがある、ということを承知しているからです。すこし変わった表現が出てきたり、意味があいまいな箇所に出会ったりすると、その原文を知りたい、という気持ちが動きます。『ポスト構造主義』という訳書を読んでいると、「引用関係性」という語が出てきました。この本は読みやすい日本語になっていて、よい翻訳なのだろうと思われました（折島正司訳）。「引用関係性」はありふれた日本語ではありません。現に、この訳書の巻末には「用語集」がついていて、そこにも取り上げられています。読みながらわたしは、この術語の原語を知りたいと思いました。特殊な単語、場合によっては造語が使われているのか、それともありふれた単語だが、意味を汲んで訳者の加えた工夫なのか、を知りたかったのです。前者の場合なら、誰の用語かということも関心事です。この本はポスト構造主義の思想家たちを論じているのですから、そのなかの誰かの特殊用語なのか、それともこの潮流に属すると見られる多くの思想家が使っているのか、あるいは、この本の著者（C・ベルジー）が考案したものなのか、という可能性があります。つまり、この用語が誰の「意見」なのか、という問題です（ちなみに上記の「用語集」も原著にあったものの翻訳なのか、訳者のつけたものなのか明らかでありません）。原語を知っても、多分、わたしの理解が深まるというようなことはないでしょう。しかし、この特殊な用語に対する態度は大きく変わります。訳者の工夫であるなら、その語の出てくる箇所の文意を理解すれば、それで十分です。しかし、この本が取り上げている思想家のなかの誰かの術語であるとなれば、その固有名詞とともに記憶にとどめようとすることでしょう。このことは、「意見」についてお話ししたことに関連する一事例です。

これに関連して書いておきます。もしもあなたが、外国語で書かれたテクストを対象として論文を書くのであれば、その原著のキーワードについては、必要に応じて、あるいは少なくともどこかで、原語を明記しておくことが必要です。表記法はカタカナ・ルビやカタカナによる音写ではなく、「書かれたもの（écriture）」という形が論文には適しています。その語を使うたびに原語を断るのは煩瑣ですが、その原義が生きているような箇所には、これを併記しましょう。

7　原語で読むことの意味

ここまで、外国の文学や思想を主題として論文を書く際、既存の翻訳をどのように活用するか、ということをお話ししてきました。本書においては、日本語で論文を書く、ということを自明の前提としてお話しています。自分で翻訳するにせよ、刊行されている翻訳を使うにせよ、日本語にしなければもとのテクストを取り上げることができませんから、それは基本的な問題です。さらに一歩踏み込んで、研究において、何故、テクストを原語で読まなければならないのか、原語で読むことの意味は奈辺にあり、翻訳では理解しがたいことは何なのかを、考えることにします。これは、修士論文や博士論文を書こうとしているひと、専門的な研究を志しているひとに関わる問題です（卒業論文を書いて社会人になろうとしているひとは、読み物として読んでください。とばしてもかまいません）。ある外国語を習い始めのころ、あなたの読解力が翻訳を通して理解される内容を超えないとき、原語で読むことはほとんど徒労のように見えます。しかし、この段階を経過しないと先には進めません。加えて、テクストやそのなかの単語に対する姿勢次第では、翻訳では漏れていることを読み取ることも不可能ではありません。むしろ、初めからそのような読み方を心がけていないと、外国語に慣れていっても、読み取れるのは訳文の範囲を超えない、ということにもなりがちです。原語のテクストのなかに、何を求めるべきなのでしょうか。この節の主題は、〈翻訳で読み取ることのできないのは何か〉と言い換えることができます。

二つ例を挙げます。原文と日本語の訳文の違いは多岐にわたります。言葉のリズムや色彩感、連想を誘う含意など、詩的あるいは文学的な効果もあります。センテンスの長さや単語の出てくる順序なども重要な要素です。ここでは語義に注目します。原文と訳文の違いの根幹をなすものだからです。

最初の例は、『ハムレット』の一節で、特にひとつの単語に注目します。この悲劇の物語はどなたもご存じでしょう。念のため、その概略を思い起こしておきましょう。——主人公はデンマークの王子。父の国王が急死したとの知らせを受けて留学先から帰国してみると、叔父が王位を継ぎ、母はその叔父と再婚しています。ことの成行きに不審の念を覚えたハムレットの前に、亡父を名乗る亡霊が現れ、自分が現国王である弟に毒殺されたと語り、復讐を求めます。ハムレットは、狂気を装ったり、旅の一座に類似のストーリーの芝居を上演させて叔父の反応を見たりなどして、ことの真相を探り出そうとします。そうしてついに確信を得て、最後には復讐を成し遂げるとともに、決闘相手の剣先に塗られていた毒によって絶命し、母もまた毒杯を仰ぎます。次に示すのは、亡霊が現れるまえ、母と叔父のふるまいに不審の念を覚えているハムレットのモノローグの一節です（第一幕第2場）。

ああ神よ、理性を持たぬ野獣でさえも
もうしばらくは嘆いたろうに——おれのおじと結婚した、
父上の弟、しかしハーキュリーズの大神におれが劣るよりもっと
父上に似ても似つかぬ男と、ひと月のうちに、
心にもなく流した涙の辛さで
痛む目の赤さもまだとれぬまま、
あのひとは結婚した。ああ、何という浅ましい急ぎようだ、こうも

手際よく不義の寝床へすべりこむとは！（木下順二訳）

ここには構文上の工夫も見られます。全体はふたつの文からなっていますが、最初の文は長く、六行あまりに及びます。その動詞は二行目に出てきます（「結婚した」）が、その主語（「あのひと」）は最後にならないと出てきません。日本語は主語を省略することが普通ですから、この訳文に違和感はありません。しかし、英語の構文としては緊張をはらんでいます。しかも、最後に使われた主語は代名詞です。母の再婚を非難していることは明らかですが、その母のことを口にしようとしない微妙な心理がのぞいています。しかし、これは作品の理解に結びつくようなことではありません。より射程の長い問題があります。

この最後の語句を「近親相姦の寝床」と訳した研究者がいます。原文では"incestuous sheets"となっています。"incestuous"は"incest"の形容詞形です。この語（名詞と形容詞）の意味を考えることにします。この訳者たちが座右に置いていたと思われるのは、研究社の『新英和大辞典』です。これは外国語辞典の傑作で、長らく英和辞典の決定版とみられてきました。この辞典は名詞の"incest"について、①近親相姦、血族相姦、②＝spiritual incest、形容詞形については①近親相姦的な、②血族相姦の（罪を犯した）という訳語を与えています（わたしが参照したのは一九六〇年の第四版です）。この項目の執筆者は「近親相姦」と「血族相姦」を区別していますが、両者の違いが何であるのかは判然としません。「近親」は「血族」に他ならないからです（『明鏡国語辞典』によれば、「近親」とは「血縁の近い親族」です）。おそらく、「血族」は「近親」より広い範囲に及ぶ、ということではないかと思われます。近親相姦とは親子や兄妹、姉弟の間の性的関係、血族相姦とはいとこ同士、あるいはまたいとこ同士などの関係、というのが常識的な理解でしょう。しかし、両者は含みあうような関係の概念で、明確に区別する線引きがなく、「血族相姦」という語はあまり目にしませんから、この辞典を読んだひとは、"incest"とは「近親相姦」のことだ、と理解することでしょう。

この理解に立てば、「不義の寝床」という訳は不正確で、原文に即して考えるなら「近親相姦の寝床」としなければならない、ということになります。しかし、このような訳、もしくは理解は、ただちに読み手の心に違和感を覚えさせます。王妃ゲルトルードと現国王クローディアスの間に血縁関係はなく、「近親」ではないからです。もしも二人が近親関係にあるのなら、前国王とゲルトルードもまた近親関係にあることとなり、ハムレットが母親に向ける非難は空転してしまいます。この意味で、「近親相姦の寝床」は正確な訳とは言えません（この訳が正確であると主張できるとすれば、それは「近親関係」が姻戚関係を含むと考える場合に限られるでしょう）。

わたしが参照したかぎりの訳のなかに「近親相姦」と訳した例は、ほかに皆無でした。「邪淫の床」（坪内逍遥）、「不倫の床」（三神勲）、「不義の床」（福田恒存、小田島雄志）、「不倫の閨」（安西徹雄）などと訳されています。これらの訳は、少なくとも『新英和大辞典』の訳語を逸脱しています。これらの訳者たちは、〈不正確ではあるのだが、文脈に合わせて辻褄を合わせた〉のでしょうか。三神訳は、訳語として「近親相姦」を使っていないにも拘わらず、わざわざ次のような訳注をつけています。

「兄嫁との結婚は近親相姦と考えられ、教会はこれを禁じていた」。繰り返しになりますが、「兄嫁との結婚」が「近親相姦」と考えられることはありえません。これは時代が変わり、文化圏が異なっていても同じです。それは「近親相姦」という日本語の問題だからです。この訳注は、「兄嫁との結婚はincestと考えられ」のつもりで書かれたものです。その際、incest即「近親相姦」と考えていたために、このような要領を得ない注が書かれたもの、と推測されます。このような異説、ギャップ、ずれを解明するカギは、当然、incestという単語の厳密な意味にあります。

この語の語源はラテン語のincestusで、cestusは英語のchasteに相当し、chasteは「汚れのない、純潔な」という意味ですから、接頭辞in-をつけてそれを否定した英語のincestは、字義としては「不純な」という一般的意味を持つにすぎません。「近親相姦」は「不純さ」の特殊例です。サミュエル・ジョンソンの古典的な『英語辞典』(Samuel Johnson, *A Dictionary of the English Language*, 8th Ed. 1799)を参照してみると、この語は次のように定義されています。「禁じられた近親度degreesの範囲内にいるひと同士の、不自然で罪にあたる結合conjunction」(ちなみに、現代のもっとも権威あるものとされている『オックスフォード英語辞典』もジョンソンの定義をベースにしています)。この説明にぴったり一致する日本語はありません。そのうえで、誰もが近似値として「近親相姦」を対応させることでしょう。ですから辞書の訳語は正当なものだと評価できます。右に紹介した訳注の意味は、「シェイクスピアの時代には、兄嫁との結婚にも教会の禁令が及んでいた」ということです。しかし、多数派の訳者たちが辻褄合わせをした、ということでもありません。「邪淫」や「不義」は「不純さ」の典型ですし、この辞典の定義から逸脱しているとも言えません。しかし、その場合の「禁止」の主体は一般的な倫理観で、「近親度」の関わりは希薄です。すると、これらの訳では禁止の性質が正確にとらえられていない、ということになります。逆に「近親相姦」とすると、この禁止の性格を表現することが可能になりますが、明瞭な事実関係と衝突することになります。つまり、'incest'は「近親相姦」より広く、「不倫、邪淫」などより厳密な語です。日本語では掬い取れないこの意味合いをとらえることが、原語で読むことの課題です。

この原語の意味合いをとらえることは、簡単ではありません。英和辞典に頼っていては気づくことさえ困難ですし、日本語に訳せばよいという態度では厳密さにたどり着くことはおぼつかないでしょう。しかも、理解される意味の違いは微妙で、無視しても差し支えないほどのものではないか、と思うひともいるでしょう。確かに、課題の難しさと、得られる成果の間には大きなアンバランスがあるように思われます。しかし、第一に、研究を続けるということは、このような理解が難しいものではないようになる、ということを含んでいます。今の例に関する限り、繊細な語感が必要、というようなものではなく、辞書の定義を厳格に読むことが必要なだけです。それは研究の蓄積のなかで身についてゆく習性のようなものです。近似値で十分ということはいくらもあります。しかし、研究者には厳密な理解が求められているのではありませんか。厳密な理解を求めないのなら、研究者に存在価値はありません。

それだけではありません。この厳密な理解のもたらすのが、大した意味のない些末な区別だと思うとしたら、それは間違いで、さらに奥行きがあります。わたしは、『ハムレット』のこの箇所を例として取り上げようとしたために、三本の本格的な論文を読む羽目になりました。最後にたどり着いた研究論文（J. P. Rosenblatt, "Aspects of the Incest Problem in *Hamlet*", *Shakespeare Quarterly*, 39 [1978], pp. 349-64）の論旨に準拠して、問題のあらましを紹介しておきます。'incest'の厳密な理解が作品の深みに通じていることがわかります。なお、この論文に示された著者の学殖に、わたしは強い感銘を覚えました。――兄嫁との結婚の是非という問題は、『旧約聖書』の二つの箇所に、相矛盾する記述があることに起因しています。一方において『レヴィ記』は、「〜を犯してはならない」としてさまざまな関係を列挙していますが、そのなかに、「あなたの兄弟の妻を犯してはならない。それはあなたの兄弟をはずかしめることだからである」（第一八章第16節。日本聖書協会訳。第二〇章第21節にもあり）という一節が含まれています。しかし、他方において『申命記』は、「兄弟が一緒に住んでいて、そのうちのひとりが死んで子のない時は、その死んだ者の妻は出て、他人にとついではならない。その夫の兄弟が彼女の所にはいり、めとって妻とし、夫の兄弟としての道を彼女につくさなければならない。そしてその女が初めに産む男の子に、死んだ兄弟の名を継がせ、その名をイスラエルのうちに絶やさないようにしなければならない」（第二五章第5〜6節）、としています。『レヴィ記』が禁じている「レヴィレート婚 levirate」が、ここでは認められ、むしろ義務として課されています。この矛盾が論争の種を残します。しかし、レヴィレート婚はあくまで例外で、死んだ兄（もしくは弟）に子がないとき、という条件が付されています。『ハムレット』の場合、前の王ハムレットには既にハムレットという息子がいたので、この条件にはあたらず、クローディアスは単に、兄を殺し、王位と妃を強奪して相続したことになります。一六世紀のイギリスでは、ヘンリー八世（一五〇七～四七年在位）の結婚と離婚の問題が世を騒がせ、『ハムレット』の物語の背景をなしていたことが、広くみとめられています。ヘンリーは、兄アーサーのもとにスペイン王家から嫁いで、子のなかったアラゴンのキャサリンを、兄の死後、めとります。この結婚にはローマ教皇の特許が必要でした。しかし、二四年後、今度はそのキャサリンを離別して、アン・ブーリンと結婚します（この結婚から生まれたのがエリザベス一世で、この女王がシェイクスピアの支援者でもあったことは、よく知られています）。この離婚に際して王は、『レヴィ記』の禁令をたてに、キャサリンとの結婚が無効だったと言い立てました。当然、スペインとの国際的な政治問題と、ローマ教皇との間の宗教的な問題がからむ事柄で、この対立から、イギリス教会はローマ教会から独立することになります。この背景のなかで、『ハムレット』の観客は『レヴィ記』派で、クローディアスに向けたハムレットの非難に同情的でした。しかし、現在の観客や読者は、解説を読まない限りこの政治的背景に気づくことはできません。それを知ったとしても、文字通り背景にすぎません。深みは別のところにあります。作品に込められているのは、「シェイクスピアの宇宙観」を構成している含意ではないかと思います。第三幕第4場、母を詰問するハムレットは、「天も怒りに赤く燃えて、／あの固く冷たい月さえも／顔をほてらせ、世の終りを目前にしたように、／そのしわざを嘆いている」（木下訳）と言っています。クローディアスとゲルトルードの 'incestuous' な結びつきが、宇宙的な反応を引き起こしている、というのです。ふたりのレヴィレート婚を装った結婚について、宗教的な禁忌がなかったなら、その汚れが宇宙の汚れになる、というこの宇宙的感覚は生まれなかったに相違ありません。『レヴィ記』でも『申命記』でも、禁令を発している主は神（ヤハウェ）です。もとは単語ひとつの意味の微妙な違いですが、それが作品の基調の理解をも左右する、という例です。

二つ目の例として「理性」の概念を考えます。右に挙げたハムレットのモノローグの始めに、「理性を持たぬ野獣でさえも」という語句がありました。わたしはこの訳文に違和感を覚えます。これに従って読めば、寡婦がより長く喪に服すべきだというのは「理性」の判断だ、ということが含意されていることになります。ひとは「理性的動物」とされてきましたから、自然な考え方とも言えます。しかし妙に理屈っぽい感じがしませんか。原文を参照してみると、“a beast, that wants discourse of reason, /Would have morun'd longer……”となっています。‘reason’は確かに考える力に相違ありません。しかし、道徳的な善悪を判断するというようなことでしょうか。訳文に‘discourse’は反映されていませんが、ここはむしろ、「口をきけない獣でも、悲しみのうめき声をあげ続けただろう」という意味ではないかと思います。哲学用語としての reason は意味のうえで変化を遂げてきました。一六世紀末の英語の reason を「理性」と読むのはアナクロニズムです。

まず、日本語の「理性」とはどういう意味でしょうか。誰でも使いそうな単語ですが、その意味について確信をもっているひとは少ないことでしょう。ひとつの理由は、これが翻訳語で、日常語の使用を通して身に付くはずの語感が希薄だ、ということにあります。術語を翻訳する際に、われわれの先人たちは漢字を活用しましたから、作られた訳語もどこか外国語（もちろん中国語）の響きがついてまわります。では、「理性」とはどういう意味でしょうか。「〜性」は感性、悟性とならぶ使い方で、精神的な能力を表すものと分かります。「理」は中国思想の基本的な用語で、ゆたかな多義性をはらんでいますが、その中核的な意味として「則るべき秩序」があります。しかし、これは精神能力ではありません。朱子学において、ものの具体相（気）と概念や意味の相（理）を分ける二元論が、こころに適用されると、「則るべき秩序に向かうこころ」としての「理」が考えられるようになり、それが「理性」という訳語のもとになったと考えられます（溝口雄三・丸山松幸・池田知久編『中国思想文化事典』、東京大学出版会、を参照しました。これは素晴らしい事典です）。この面についてわたしは素人なので、間違いがあるかもしれませんが、このように考えています。

理性というこの日本語は、西洋語でそれに相当すると考えられた単語、英語なら reason、フランス語で raison、ドイツ語の Vernunft の意味に適合しているでしょうか。ここで注意しておきます。非常に重要なことです。すでに incest に関して経験したことですが、辞書に書かれている訳語が「意味」だ、と考えてはいけません。もしそうなら、これらの語の意味は「理性」に決まっています。これらの語に固有の意味があり、その意味に合わせて訳語が考えられるのです。「理性」は reason の意味ではなく、訳語です。そうでなければ、訳語が適切かどうかとか、どのようなずれがあるかなど、問うことができなくなります。「理性」のような語は、漢字を使った造語で、漢字には意味があるので、意味をもっていると誰もが思っています。それに対して、reason のような西洋語にも「理性」

と訳される以前の固有の意味があります（incest は「不純な」という意味でした）。しかし、このことに気付いていない初学者がたくさんいます。英語の単語にも固有の語義、というよりも字義がある、ということを認識してください。語の意味は、この字義を核として、どのような文脈で使われるかということや、関連する語の用法、意味などによって規定されています。「理性」語に関して注目すべきは、それぞれの動詞形です。

わたしが理性に関して考えているのは、カントを境にして、意味が大きく屈折した、ということです。カントが新しい意味のもとにこの語を使い、それ以降、以前からの意味と、カント的な意味が「理性」の語に同居するようになり、その二つの意味は、当然、かけ離れたものではないので、あいまいな印象を与えるようになりました。カントは、理性を最も高次の精神的能力とみなし、精神のはたらきそのものについて考えたり、道徳的な価値について判断したりする力をそこに認めました。明治以来の日本の哲学は、ドイツ哲学の学習を基本にしてきましたから、カント的な理性概念を基礎として受け入れました。そこで、カント以前の理性概念（例えばデカルトのそれ）をも、カント的に理解することが少なくありません。これは西洋人の場合にもあることではないかと、わたしは想像します。「それ以前の意味」を際立たせるには、「合理的 rational」という形容詞を考えるのが好都合です。この語は「合理的」と訳されていますが、「理性的」と訳すこともできます。「合理的」とは、日本語でも「理に適った」という意味ですが、実際に使われる場合には、あまり芳しくないニュアンスを伴います。「経営合理化」とは、従業員を整理して会社の収益を増やすことですし、「合理的に考える」とは情を捨て、理屈に従うことのような感じがします。カント以前の「理性」は多分に「合理性の能力」の意味の強いものだったように思われます。それを確かめるために、ここで動詞の用法に即して理性語の語義を考えてみます。フランス語の raison は raisonner という動詞の語幹をなす名詞です。Raisonner という動詞は「推論する」という意味で、推論の典型は三段論法です。三段論法は相手にぐうの音も言わせない力をもっていますが、それで証明できる内容は空疎です。《そもそも、人間は死ぬものである》—《ところで、ソクラテスは人間である》—《したがって、ソクラテスは死ぬものである》という古典的な例題は、分かり切ったことからわかり切ったことを引き出しているにすぎません。「合理主義」哲学の代表者とされるデカルトの強調する「理性」に、価値判断の面を強調したカント的な概念を当てはめることは、妥当ではありません。かれが、道徳律について確実な認識を得ることができないと考えたことを想起すべきでしょう（『方法叙説』）。また、英語の reason はそのままの語形で動詞としても使われ、フランス語と同じく議論する、論証するというような意味を持ちます。『ジーニアス英和辞典』が例文として挙げている“Man alone has the ability to reason”（人間だけに思考する能力がある）の動詞は、辞典が正しく訳しているように「思考する」というくらいの意味のもので、カント的な理性概念を当てはめることはできません（『ハムレット』の‘reason’もこのように理解できます）。

では、カントは何故、理性の概念を改革できたのでしょうか。もちろん、カントの天才によることではあります。しかしひとつの要因としてドイツ語の特異な語彙構成が関係していると思います。ドイツ人たちが reason や raison の訳語として Vernunft を当てたのは、それぞれの語の使われる文脈が近似していたからです。イギリス人が reason と言っているときには、Vernunft という語を使えば通用する、ということです。しかし、それぞれの字義は非常に異なります。Vernunft という語は、vernehmen という動詞からの派生語です。この動詞は、聞き及んでいるという意味で、日本語なら「聞き分けがよい」という表現に見られるように、聞いたことを受け入れるということと解されます。ここには「推論する」という論理的な意味には全くみられない道徳的な理解の契機が含まれています。また、尋問するという意味もありますので、知識を吟味する、という理性のはたらきにも適合していた、と言えます。このような語義の単語を使って考えたがゆえに、カント的な理性概念は可能になった、ということは間違いないと思います。かれがフランス語で思考していたなら、その理性概念は生まれなかったはずです。

以上はわたしの「意見」です。独創的な意見だ、というわけではありません。カントにおける理性概念の変革ということは、既に指摘されていることです。ただ、それを紹介しようとしたのではなく、自分で考えてみました。意見ですから、どなたも「疑う」ことができます。疑いに何らかの理由を見つけることができれば、批判することもできますし、ひょっとすると論文の主題になるかもしれません。ただ、わたしの意図は、ここで何らかの説を提出することではなく（いまは、研究論文を書いているわけではありません）、もとの言語で考える必要があるのはどのような場合か、ということを、具体例を挙げて示すことにありました。さらに他の例を挙げることもできますが、既に説明が長くなりましたので、ここでやめます。そして、論文における翻訳の扱い、というもとの問題に戻ります。よい翻訳のある作家や思想家なら、それを使って論文を書くことができます。あなたに才能があれば、よい論文を書くこともできるでしょう。しかし、翻訳では捉えることのできないところがもとのテクストにはあり、そこまで踏み込んで論じるのが専門家です。翻訳を使って書いた論文は、その意味でアマチュアの論文です。卒業論文なら、それが許されるとわたしは考えます。生涯でただいちど論文を書き、能動的な理解を試みるひとの、知的な関心の幅を狭めるべきではない、と考えるからです。しかし、翻訳はいつもよい質のものとは限りませんし、よい翻訳でも訳しきれない面がある、ということを承知しておくことが大切です。どうしても理解できないところがあり、原典を参照してみる、というようなことができれば、素晴らしい成果です。

8 借用と批判のマナー

最後に、専門の研究者が借用したり批判したりする場合のやり方について、お話しします。借用については、アイディアを借りた場合の謝辞の書き方、既存の翻訳を利用する場合、さらに一般に引用する場合のやり方について、既にお話ししてきましたので、あらためてつけ加えることはありません。

ときに悩ましいのは、翻訳にかぎりませんが、誰かの解釈を批判する場合です。インターネットのさまざまなサイトにある「レビュー」については、前に触れましたが、批判のための批判をするのは論文の課題ではありません。しかし、自説を立てるうえで、流通している翻訳や先行研究が異説として立ちはだかっているなら、それを批判することが必要になります。論文を書き、自説を構築する上での基本的な態度ですが、慎重を期することが大切です。わたしが批判しようとしている訳文や先行研究は、逆にわたしの説に対する批判でもあるからです。そのことをわきまえたうえで、なおわたしの説が正しいと考えるなら、自説を提出し、その一環として異説を批判します。或る説や解釈にくみするにせよ、新説を提起するにせよ、異説が存在するなら、それを認識し、それと対決することを避けることはできません。しかし、これは引用についてお話ししたことですが、価値のあるものを批判する、ということが大切です。無意味な異説をわざわざ批判するなら、あなた自身の判断力や見識を疑われます。

批判は学問の一部であって、礼儀の問題ではありません。それでも、そこにモラルの層があり、さらにはこれをもっぱら礼儀やモラルの問題と見る向きがあるのは、事実です。紀元前四世紀のことですが、ゾイロス（Zoilos）という学者が、ホメロスを厳しく批判したために処刑された、という有名なエピソードがあります。これが事実であったのかどうかは不明なようですが、伝承として今日に伝わっているということは、批判に対する人びとの受け止め方、その意識を反映している、と言えます。また、一八世紀の中葉に、初めて美術評を書いて出版したラフォン・ド・サン＝チエンヌというひとに対して、美術家たちは激怒した、という事実が知られています。そういう批判は、するにしても、他人に知られないよう、直接個人的に行うべきものだ、という理由からです。今日では、藝術批評の活動は社会のなかで確立していますから、このようなことは起こりません。より正確に言うなら、批判を個人的な遺恨の問題にしてはならない、という行動の規範が行き渡っています。それでも、藝術家と批評家の間には、密かな確執があったり、癒着があったりするのかもしれません。確執や癒着があるのは「人情だ」とは言えるかもしれません。仕方がない、という意味です。しかし、誰もが、特に癒着に関しては薄汚れた印象を覚えます。学問の場合には、批判抜きには活動が成り立ちません。研究そのものが一種の批判だからです。批判を「人情」と切り離して考えることが大切です。同時に、論文を公表したなら、批判にさらされている、ということを覚悟すべきです。実際に誰かが取り上げて批判してくれるなら、それは一定の評価のしるしでもあります。

第八章　文章法

0　明晰さは他人《ひと》のためならず

美しい文章を書きたい、という希望のひとに、本章は何も与えるものをもちません。文章法を主題とする著作はいくらでもあるので、それらを参照されるのがよいでしょう。ここでお話しするのは、平明な、分かりやすい文を書くために気をつけるべきは何か、ということで、それもごく限られた数のヒントを書くにとどめたいと思っています。気をつけるべきことが多すぎると、どのように手をつけたらよいか途方に暮れることになりかねません。日本語はあいまいだ、という俗説があります。あいまいでない日本語の文章はいくらでもあります。ただ、長年学生たちの書いた卒業論文を読んできて、どうしたらこのように不思議な文が書けるのか、と思うことがいくらもありました。これは日本語の特性によることなのでしょうか。例えば英語を母語とするひとのなかに、非文法的な文を書くひとがいるのか、知りたいと思うことは事実です。論文の文章法の根本は、分かりやすい文を書くということです。

わかりやすい文を書くことは、読み手に趣旨を伝えるための技術的な問題だ、と思うのは間違いです。そのように思うのは、自分ははっきりした考えをもっており、それをうまく言葉にできないからだ、という考え方をしているためでしょう。本書の始めにお話ししたことを思い出してください。何かを理解するためには、その事柄、考えを、自分で作り出さなければなりません。明瞭な文に表現してはじめて、明晰な考えをもったと言えるのです。そのことを身に染みて理解するのは、自分で書いた文をあとで読み返してみて、それを書いた当人にも分からないところがある、ということに気付くときです。わけの分からない文で書いているかぎり、その事柄を理解しているとは言えません。自分の考えをはっきりさせるためにも、明晰な文を書かなければなりません。

1 「である」調で断定する

論文の基本的文体は、既にお話ししたように、「である」調です。「である」調が、論文を論文にしている、と言っても過言ではないところがあります。「だ」を混ぜることも好ましくありません。このように文末の語調を定めたからといって、文章の運びが単調になるわけではありません。試しに、右の直前の段落の各文の文末だけを取り出すと、《間違いです・ためでしょう・ください・なりません・言えるのです・ときです・言えません・なりません》です。この文章を「である」調に書き換えたとき、これらの文末のうち、「である」となるのは「〜です」で終わる三つだけです。しかし、同時に、他の文末も変わります。「です・ます」調も、「である」調も、この全体の支配的調子の呼び名です。

この基調に注目すると、「です・ます」調と「である」調には、決定的な違いがあります。いまわたしはこの文章を「です・ます」調で書いています。いま右に抽出した文末をみれば分かるように、基調は一人称的です。わたしが話している、という調子です。それに対して「である」調は三人称的です。その場合、「である」と断定しているのはわたしですが、断定されている内容が三人称的なのです。奇妙なことだと思われるかもしれません。確かに変な感じがします。「〜です」と言っても断定しているわけですから、その内容は三人称的です。何故、「です・ます」調の場合には、文末の「です・ます」を捉えて一人称的と言い、「である」調の場合には、断定の内容に注目して三人称的と言うのでしょうか。

これには二つの理由があり、それらが相俟って違いを作り出しています。まず、「です・ます」の基調は語りかけです。わたしがあなたに語りかけているのです。「〜です」と言うとき、それは確かに一種の断定ですが、わたしの断定で、その人称的性格が断定された内容を彩っています。その内容は、「わたし」があなたに伝える意見です。このことは明らかで、本書においてわたしは、客観的な主張をしているわけではなく、論文を書くという実践についての私見を述べているので、「です・ます」調で書いています。このように文末の調子が断定される内容を性格づけるということは、「である」調の場合も同じです。「である」もまたわたしの断定であるなら、違いは説明できません。これはどのように考えたらよいのでしょうか。実は、これについても既にお答えしてあります。それは、「です・ます」調が、一人称的であると同時に二人称的だ、ということです（一人称と二人称の相関性は、バンヴェニストという言語学者の重要な発見です）。「です・ます」調で語るときには、聞き手あるいは読み手に話しかけるという体勢をとっています。会話がいわば「です・ます」調であるのは、当然のことです。これに対して「である」は読者の意識をもちません。二人称的な性格をもたないため、語るという行為の一人称的性格は後退し、断定内容の三人称的、言い換えれば客観的な性格が表に出てくるわけです。

従って、「である」調で書く、ということは一人称的＝二人称的な姿勢を捨てる、ということです。初めて論文を書く友人にわたしが与えたアドヴァイスのエピソードを、覚えておいででしょう。わたしの友人が、そこで理解したのはこのことだったのではないか、と思います。一人称的＝二人称的な姿勢を捨てるということは、批評文と論文の違いとして確認したことですが、その要求は多岐にわたります。

まず、「である」調で書くということは、断定する、ということです。多くのひとが断定を避けたい、という気持ちをもっています。その心理の根は、臆病と謙譲にあるようです。言い切ったなら、批判されたときに逃げ道がない、と思うのが臆病です。謙譲とは、わたしにはあなたの考えを動かそうというような資格もなければ力もありません、という心情です。そこで、「という考え方もできるのではなかろうか」というような煮え切らない言い回しが生まれてきます。謙譲はそのひとの人柄そのものですし、謙譲なひとをわたしは尊敬しますから、何も申しません。しかし、臆病なひとに対しては、次のことを言いたいと思います。安全性を求めて断定を控えても、効果はない、ということです。論文である以上、どのように婉曲な言い方をしても、批判されるときには批判されます。そして、批判するに値しない、と判定されるのは、論文の書き手にとって悲しいことです。「論文というもの」が断定を求めているのですから、断定すべきです。右のようななまくらな言い回しをやめ、断定するほうが潔い、というものです。もちろん、論理的に断定できないものを断定せよ、というのではありません。しかし、その場合には、「と考えられる」（高度の可能性）とか、「と考えなければならない」（論理性の主張）などの言い方で、あなたの断定の度合いを示すべきだ、とわたしは考えます。

一人称性を捨てるということは、感情的な表現を控える、ということを含んでいます。これは突き詰めると難しい問題をはらんでいます。感情は価値判断に深く関わっています。感情は価値判断を含むというだけでなく、感情抜きの価値判断は気の抜けたシャンパンのような感じさえします。論文が感情表現を控えるべきものであるとすれば、論文には価値判断を持ち込めない、ということでしょうか。社会科学は社会の現実に対して何らかの提言を行うことを重要な課題としていますし、人文系の学問でも、ひとの価値観のありかたやその動向について考え、主張するという面は大切です。論文が価値提言をすべきでない、とは言えないはずですが、ここでは、感情と価値を切り離し、敢えて気の抜けたシャンパンをよしとする、ということが大切です。価値の提言にあたっては、それを論理的に説得することに努めて、感情的な表現を避けることです。まして、特別の価値意識に関わりのないところで、個人的な感情を書き込むということは、差し控えるべきです。批評文と論文の違いを思い起こして下さい。特に博士論文のような学位論文においては、これを厳に慎むという姿勢が大切です。

これに関連して、かなり個別的なことですが、受身形を避ける、ということを指針とするのがよい、と思います。例えば、「A君に殴られた」という受身形は、「A君がわたしを殴った」とは言い換えられません。この能動形の方は、検事の論告のような響きがあります。わたしは確かに暴力を身に受けたのですから、わたしの立場からは受動形しか使えません。このようなケースは、論文のなかにもあるでしょう。わたしがここで、受身形を避けろ、と言っているのは、事柄として「蒙った」という性格をもたないような場合、つまり能動、受動のいずれも使えるような場合です。どちらも使えると言っても、表現効果のうえで違いがあります。能動形では、「わたしは××年に、この論文を書いた」となるものを、受動形で表すと、「わたしのこの論文は、××年に書かれた」となります。論文は一人称的な構文を避ける、ということを原則とすれば、これは受動態で書くべきだ、ということになりそうです。事実、このような書き方は頻繁に見られます。この書き換えた文から「わたしの」を消して「この論文は……」とすれば、「わたし」の要素は表面上完全に見えなくなります。しかし、実態は逆です。能動文が平坦な叙述であるのに対して、受動文は自分の論文を額に入れて掲げたような、一言で言えば偉そうな感じを与えます。

日本語の受動形は、機能的で意味のうえでニュートラル、というものではありません。偉いひと、貴重なものについてしか、受動態は使われません。尊敬の助動詞と受け身の助動詞が同じであるのは、おそらくこの関連によるものです。自作の論文を主語にして受動文で表現すると、それがあたかも歴史的な事件であると言っているかのような印象を与えます。言葉の表面から消去された一人称性が、はるかに強烈なかたちで漂い出てきます。論文において避けるべきは、語形のうえでの一人称であるよりは、はるかに一人称性の問題です。

2　見通しの必要とパラグラフ

論文の文章は「理路整然」としていなければなりません。難しいことではありません。話の方向性がはっきりしている、ということです。あなたはメールの文章をどのように書いていますか。自分では意識していないだけで、実はラフな設計図を書き、それに則って順序よく書いているのかもしれません。もしも、思いつくまま文に文を続けている、というのであれば、それを受け取ったひとには、「面白いが何を言いたいのか分からない」、ということになりがちです。「言いたいこと」が何もないときには、それで支障はありませんが、論文にこのスタイルは通用しません。「言いたいこと」のあるのが論文ですから、それを表現する、あるいは構築するためには、今書こうとしている次の一文だけでなく、ある程度先までの見通しが必要です。その見通しがあって初めて、次の一文をどうするかがはっきりしてきます。囲碁や将棋の名手のように、先を読むことが、論文にも求められます。

ここで設計図が二枚必要だ、ということがわかります。第六章でお話ししたのは、論文全体の構成案のことです。文を書くために必要な設計図はミクロなもので、精々、当面のパラグラフ（段落）か、一つ二つ先のパラグラフの運びに関するものです。より長い範囲の展開は、当然、全体の設計図に則って考えています。パラグラフは、ひとつのことを言ったり説明したりするものです。各段落のその論点を集めてつなげてゆけば、議論の展開をたどることができる、そのような書き方をしなければなりません。このミクロな設計図は、言葉にして書き出しておく、という性格のものではなく、その場その場で、頭のなかに想定するものです。次にこのことを言う、その次にはそれを吟味するために反対の考え方を取り上げよう、という見通しができたなら、「このこと」を言うにはどのような説明が必要か、またどのような例を挙げるべきかを思案する、それがミクロな設計図です。逆流式に考えることの必要性を、ここでも確認することができます。

パラグラフの例をひとつ挙げます。渡辺浩『日本政治思想史』（東京大学出版会）からの引用ですが、徳川将軍が「日本国大君」と呼ばれ（朝鮮国王からの書簡の宛名）、その外交戦略を以て、自らの威信を国内に見せる手立てにした、ということを論じているなかの一節です。

「大君」は、朝鮮国王とは対等の書式で書状を交換するものの、自分の使節はソウルに送らなかった。朝鮮側は、秀吉の侵略の経験もあり、危険な日本人は首都に入れてやらないのだと解したが、日本国内では朝鮮から一方的に拝賀に来るようにも見えた。また、島津氏が支配する琉球国（明国・清国への朝貢国でもあった）は、普通「属国」「属邦」と見なされた。江戸城に登った阿蘭陀カピタンに至っては、公方様はただ「御覧」になるのであり、オランダ国王との通信は無かった。そして、明国・清国については、商人を長崎に受け入れるものの、外交関係は持たなかった。明国・清国中心の「華夷」秩序に編入され、「朝貢国」と見なされることを回避したわけである。

ここで著者は〈徳川幕府の外国との付き合い方〉を説明しています。そこで取り上げられるのは、朝鮮、琉球（一種の「準外国」です）、オランダ、中国の四つのケースです。鎖国政策のもとで、これ以外の国は問題にならないでしょう。そこで、これらだけが説明の対象になります。次に、どのような順で取り上げるかを決めなければなりません。国内に向けて自らの威信を示すことが外交戦略の基本だった、ということを著者は言おうとしていますので、「大君」の称号はまことに好都合です。そこで、この名で将軍を呼び習わしていた朝鮮国王との関係を最初に挙げるのが、著述のうえで得策です。朝鮮との関係はいわば最上級のケースですから、形を整えるなら漸層法（厳密に言えば逆漸層法）によって、関係の密度の濃い順に取り上げてゆく、というミニ設計図が整います。あとは迷わずに書いてゆくことができます。断っておきますが、「形を整える」ということは、非常に大切です。単に美的な問題だと思ったら大間違いで、文章の分かりやすさを左右します。ためしに、これらの順を入れ替えてみてごらんなさい。とたんに、全体はぎくしゃくし、言いたいことの焦点が見えなくなってきます。その焦点は、この外交戦略の与えた国内の受け止め方にあり、次のパラグラフで著者は、芭蕉の俳句（「かぴたんもつくばはせけり君が春」ほか一句）を引用して（見事な引用です）、人びとが受け止めた将軍の「御威光」を語っています。

たったひとつの例ですが、これによって、見通しとミニ設計図の重要性を分かっていただけることと思います。さらにほかの例がほしいと思うひとは、ご自身で探してみてください。ここに挙げたのは模範的な事例ですから、ミニ設計図のあいまいなものにも出会います。それはそれで参考になるでしょう。見通しを得て、その部分の設計図を描くことができて初めて、文をつづることができます。そして、設計図のできたところまでは、すらすらと筆が運びます。筆が止まって先に進めなくなり、苦吟する、というのは、その先に進む見通しを得ようとして考えているのです。このような進み方は、山登りに似ているかもしれません。少し進んでは立ちどまり、ということの連続です。次の見通しを立てるうえでの導きとなるのは、全体の設計図を措いてほかにありません。しかし、議論を展開してゆくうちに、全体の設計図に変更を加える必要が出てくることは、すでにお話しした通りです。細部も全体も、文字通り、試行錯誤です。

3　文を長くしない

平明な文章を書くための第一の指針は、一文々々を短くすることです。日本語でも、長いが分かりやすい、という文を書くことはできます。谷崎潤一郎訳の『源氏物語』のなかの、最初の「桐壺」の巻の末尾の一節を例として挙げます。皇居のなかの女性たちの住むところに五つの建物があり、そのひとつが桐壺です。そこを局としていた更衣（女御より下の位の女官）が、帝の寵愛を得て生んだ子が、主人公の光源氏です。桐壺の更衣は（なんと、「あゆみ」や「結衣」などの固有名がありません）、光源氏が三歳のときに亡くなりますが、その母を慕う源氏は、母に生き写しと言われる父帝の后藤壺に幼い恋心を懐きます。一二歳で元服することになりますが、同時に、そのときの加冠の役目を担った左大臣（右大臣より一段下がる権力者）の娘（葵の上）と結婚します。そのあとの源氏の思いを描写しているのが、次の一節です。

……心のうちには、たゞ藤壺のおんありさまを世にたぐひないものと存じ上げて、妻にするならあゝ云ふお方でなければならない、さてもさても似る人もなくおはしますことよ、大殿《おほいとの》の君の方は、可愛らしく大切にされている姫君とは見えるが、どう云ふものか性が合わないやうな気がするとお思ひなされて、生一本な子供心のひたむきに、苦しいまでに考へ悩んでをられるのでした。

日本語としては相当な長文です。なかに終止形が何度も出てきますが、一続きの文です。その骨格は、「心のうちには、～と存じ上げて、～とお思ひなされて、……考へ悩んでをられるのでした」というもので、三つの文が並列されていることが分かります。これを、次の文と比較してみましょう。

こちらは、わたしが意図して書いた悪文で、やや誇張してあります。

わたしは、ディドロは、よい絵画というものは、見る人に、知覚対象が現実において見る人に与えるような身体的接触感を与えるかのような印象を与えるものだ、と見なしていた、と考える。

長さとしては、『源氏物語』の例文の半分くらいのものですが、構文ははるかに複雑で、難解です。一読しただけでこの文意を捉えることのできるひとは、おそらくいないでしょう（これを理解できたひとがいれば、わたしの失敗です）。このような文に出会うと、誰でも何度か読み返し、反芻します。読み返しながら、その構文を解きほぐそうとするのです。この文は次の四つの文から構成されています。①「わたしは……考える」、②「ディドロは……見なしていた」、③「よい絵画というものは……印象を与えるものだ」、④「知覚対象が身体的接触感を与える」。その最大の特徴は、これらが入れ子状になっていることです。①において、「わたしは」は文頭にあり、「考える」は文末にならないと出てきません。②の「ディドロは」は、「わたしは」の次にあり、「見なしていた」は「考える」の直前にあるという具合で、③はその内側に、④はさらにその内側にあります。読む側から言うと、④を理解しないと③は分からず、③を把握しないと②は捉えられず、②が分かって初めて①は落ち着く、という仕組みになっています。言い換えれば、四つの文が層をなして重なっているのです。このような構造は、インターネットではなじみのものです。「わたし」がインターネットを立ち上げます。そこでまず「ディドロ」のページを開き、そのなかで「よい絵画」を検索し、さらに「身体的接触感」に絞り込む、という具合です。しかし、インターネットでは、開いたページのなかを見ているだけですが、この文は順繰りに開いていった三つのページと、それを開いているわたしとの全体の関係を語っているのです。

これを『源氏物語』からの引用文と比較してみます。そこにも入れ子構造があります。「思ひなされて」の前に三つの文が置かれています。しかし、それらは何かを待たないと分からない、というものではなく、一文ずつ頭に入っていきます。「思ひなす」も、実は、文頭の「心のうちには」が予定している動詞で、読み手が心のなかで準備しているものです。そこで、この文は、読むほどに、いわば「片付いて」ゆきます。それが、わたしの作った悪文との大きな違いです。この悪文を、少しでも分かりやすくしようとすれば、構文全体を再考しなければなりません。例えば、次のようにしてみます。

私見によれば、ディドロは絵画を、現実の知覚体験の与える現実感を再現すべきものと見なしていた。その現実感覚とは、ものとの直接の接触感によってもたらされるものである。

一番外側にあった「わたしは……考える」を、「私見によれば」という独立した副詞句にすれば、それで片付きます。あとは、外に出せるものを考えて、文を二分します。この場合、『源氏』型の並列文にしても、問題は解決しないでしょう。入れ子になっている部分（現実感覚に関する部分）が、絵画の効果と関係づけられなければ完結しないからです。日本語の生理は『源氏物語』風の構文を求めますが、この文型で論文を書くことは至難のわざです。なぜか、を考えます。

わたしの作った悪文は、典型的な翻訳調という印象を与えるでしょう。日本語的ではない、ということです。問題は主語と述語の関係にあります。主語は述語を俟って初めて文意を完結させます。主語と述語の間に別の文が入ってくると、その間、外側の文は片付かず、ペンディング状態になり、記憶に負担をかけます。その入れ子の文が三つも四つも重なると、相互の関係づけをも考えなければならなくなるので、一息では呑み込めなくなってくるわけです。「私見によれば」を考えてください。文の生理としては、英語の"I believe that …"と同じことです。この英語の表現と同様、「私見によれば」もそこだけで片付いています。ところが、英語のこの構文を「直訳」しようとすると、右の悪文のように、一番外側に置かれ、主語─述語が一番遠いところに引き裂かれるので、実はたいした意味がないのに、文の透明度を著しく下げる要因となります。そこで、このような文は翻訳調の印象を与えるわけです。

困るのは、論文がこの入れ子文の構造を要求する、という事実です。右の悪文は、わたし─ディドロ─絵画─知覚対象─現実感─接触感という六つのモチーフから構成されています。場合によっては、先行研究の著者が加わってくることもあります。論文はこれらの関係そのものを問題にします。論文とは関係づけです。議論を先に進めるべく文にしようとすると、五つも六つものモチーフが重なり合った事態を表現しなければならなくなります。それを「素直に」言葉にすれば、悪文になるほかはありません。英語をはじめとする西洋語は、このような階層構造を表現するのに好都合ですが、日本語は入れ子構造が苦手です。そこで、何らかの工夫が必要になります。単純な指針として示すことのできるのが、文を短くしろ、ということで、その意味は、各階層をいったんばらばらにして、その上でそれらを関係づけろ、ということです。これも易しいことではありませんが、努力目標がはっきりします。

文を長くしない、ということに関して、もうひとつ付言しておきたいことがあります。それは、なくてもよい語句は削れ、ということです。次の例はわたし自身の著書の一節で、校正刷りの段階でそのなかの一語を削除しました。本書を実際に著すことがあれば例文になる、と考えてメモしておいたものです。削った語に傍点を付しておきます。

> われわれは序論において、カント以前の無関心性の美学説に論及した。そして、これには二つの文脈のあることを指摘しつつ、そこではそのうちのひとつであるハチスンの思想を紹介した。

これだけ示されると、非常に難解な文章と思われるかもしれません。その要因は「無関心性の美学説」なるものになじみがないからです。ここでは、これを理解している必要はありませんので、仮にA説として、右の文の形を取り出すと、次のようになります。《序論でA説を取り上げたが、その際、この理論には二つの流れがあることを指摘し、そのうちのひとつであるハチスンの説はそこで紹介を済ませている》。草稿段階で、この文を書きながら「そこでは」と断ったのは、「序論では」ハチスン説を論じた、だからもうひとつの流れはこれから論じなければならない、という心持だったと推測します。「そこでは」は何らあいまいではありません。しかも、補足的な情報を与えることは、文を分かりやすくする、と考えられがちです。しかし、これは事実ではありません。「そこ」のような代名詞は、前とのつながりを確保するという点で重要なものですが、同時に読むひとの理解のリズムに淀みをつくることもあります。それが何を指しているのかを考えなければならないからです。読み直してみて、この箇所がやや透明感に欠けるのを感じたわたしは、「そこでは」のこの問題を見つけ、これを削除しました。なくても論旨に支障を来さない語句は、ない方がよい、というのが原則です。

4　「は」と「が」と「の」の使い分け

文を書いていると、「は」と「が」の使い分けに迷うことが少なくありません。近頃はさほど苦労しなくなりましたが、若いころにはたびたび困惑を覚えたものでした。この問題は、言語学者や言語哲学者が好んで論じているテーマで、わたしのような素人が不用意に口を出すことのできるものではないようです。その入口に、そもそもこの二語が比較されるようなものなのか、という議論がありま す。比較されるということは、同種のものだ、ということです。ところが、言語学的な定説は、「が」

を主格や属格を表す格助詞と認めつつ、「は」については副助詞（係助詞とする学者もいます）という扱いです。つまり、簡単に言うと、「わたしが〜」は主語と認められるが、「わたしは〜」は主語ではない、ということです。その説明が適切なケースが多々あることは確かです。しかし、「わたしは学生です」という文は、"I am a student"と変わりなく、その「わたしは」を主語と認めない議論に、わたしは困惑を覚えます（日本語に主語という文法的概念は当てはまらない、という考えなら、「わたしが」も主語ではなくなります）。ここでは、このような文法の議論には立ち入りません。論文を書くうえで、「は」と「が」の間で迷う、という事実に対して、実践的な指針を与えるにとどめます。

論文における「は」と「が」は、意味の問題であるよりも、構文の問題であることが断然多い、と思います。わたしの与えることのできる指針も、構文上のものです。論文が構文のうえで、「は」と「が」の使い分けを要請するというのは、例の重層的な入れ子構造に由来することです。わたしの作った悪文を、もう一度取り上げることにします。

わたしは、ディドロは、よい絵画というものは、見る人に、知覚対象が現実において見る人に与えるような身体的接触感を与えるかのような印象を与えるものだ、と見なしていた、と考える。

この悪文の種明かしをしますと、ことさら入れ子となる層を増やしただけでなく、繰り返しを目立たせています。あとで取り上げますが、繰り返しを避けることが、散文では重要です。この悪文では、冒頭に「は」を三回、そのあと「に」を三回、「与える」を三回、「見る人に」と「ような」を二回繰り返しています。いま問題なのは「は」の繰り返しです。外側の枠である「わたしは考える」は、副詞句にして取り除くことのできるものでした。そのほかの工夫をも加え、さきほど示したものよりさらに単純化して、「は」と「が」だけを目立たせるようにしてみます。

ディドロの考えでは、よい絵画とは、現実の知覚対象が与えるような身体的接触感を、見る人に経験させるものである。

この文では、入れ子はひとつになっています。主節（「よい絵画は〜を経験させる」）と従属節ひとつ（「知覚対象が与える接触感」）による文です。従属節の主語（知覚対象）は「が」によって示されています。作文の苦手な学生でも、この「が」を「は」にするひとはいません。「よい絵画とは」の「とは」は、一般論としての主題を提示するもので、「よい絵画とが」という言い方はありません。これは、「ディドロは〜と考えた」という外枠を復活し、三層構造にしても、変わりません。三層構造の場合に「は」をどうするかを考えるために、「とは」や「というものは」という一般論的な主題をやめることにします。「ディドロは、よい絵画は、〜のような身体的接触感を与える、と考えた」となりますが、この「は」の重複を回避するにはどうしたらよいでしょうか。

これについては、先ほどの従属節のなかの主語は「が」によって示される、という観察を適用することができます。すると、「ディドロは、よい絵画が～と考えた」という文になります。すると、最も内側の主格を示す「が」（「知覚対象が」）と重なります。この「が」は「の」に置き換えることができます（「知覚対象の与える身体的接触感」）。「が」は独立した主語を表すことができますが、この「の」は名詞節の主語にしか使えません。例えば、男子用のトイレの小便器のうえに、次のようなステッカーが貼ってあります。

人がいなくても、水が流れることがあります。

「が」が三回繰り返されています。このすべてはどれも「は」に置き換えることができます。三つ全部を「は」にすると、妙に力んだ文になりますが、文法的に間違いとはいえません。しかし、この三者のなかで「の」に置き換えられるのは「水が」の「が」だけです。これは「～こと」という名詞節の主語です。そこで、わたしの答案は、こうなります。

ディドロは、よい絵画が、現実の知覚対象の与えるような身体的接触感を、見る人に経験させる、と考えていた。

すなわち、「は―が―の」の序列で重層的な文に対処する、というのが、わたしが実践している工夫です。このなかで、抵抗感のある可能性の高いのは、「よい絵画が」です。わたしも、時どき、どうしても「は」を使いたくなることがあります。その場合には、「ディドロの考えでは」のような回避策を試みます。それでもなお、「は」の重複が残るとすれば、それは、どうしてもその名詞を一般論の主題として提示したい、という気持ちがあるからです。それが議論のうえで必要なら仕方ありません。ただ、自分が何かにつけ強調したがっていないか、と自問してみる価値はあります。

5 かかり結びと整合性の原則

ここでかかり結びというのは、古典文法のそれではありません。文の冒頭の切り出し方は、結びにおける一定のかたちを要求する、ということです。例えば、

このことから ―― 〜が分かる。
わたしは ―― 〜と考える。
重要なのは ―― ××ということである。
そのとき、 ―― ××が起こった。

というような具合です。信じられないかもしれませんが、このかかり結びを無視して、これらを

混同し、〈そのとき――××ということである〉というような文を書くひとがいます。さすがに、印刷された論文には見かけませんが、卒論では珍しくありません。微妙な例を三つ挙げます。

近代の現象は、作品のなかに作者の姿を求めるひとがいる、ということである。

知識人たちは、古代の美術に関心が多かった。

そのとき、山頂で見た朝焼けは、わたしにとって、強烈な体験を与えた。

一つ目の文に違和感を覚えないひとがいるかもしれません。わたしは落ち着きの悪さを感じます。「近代の現象は〜ということである」のかかり方に不調和なものがあるだけでなく、「〜のひとがいる」ということは「事実」であって「現象」のなかの一部分にすぎません。「近代の現象」にはいろいろなものがありますから、広範な事柄です。それに対して「〜のひとがいる」というのはずっと特殊な事実です。「作品のなかに作者の姿を求めるひとがいる、というのは、近代の現象である」なら、正常な文ですが、この主語と述語を入れ替えることはできません。「ソクラテスは人間である」に対する「人間はソクラテスである」、「りんごは果物である」に対する「果物はりんごである」と同様の、顛倒した主述関係の文です。特殊な概念や対象（ソクラテス、りんご）を一般的な概念や対象群（人間、果物）に含ませるのが、文の基本的構造で、それを逆にすることはできません。しかし、反論がおありでしょうね（疑ってみるのはよいことです）。「果物はりんごである」というのは、「花は霧島　煙草は国分」〈鹿児島おはら節〉というように「果物の中で一番はりんごである」という意味の正しい表現だ、とおっしゃりたいのでしょう。その通りです。これは文の構造を逆手にとって、一部に過ぎないはずのものが全体だ、と主張する強調表現です。「近代の現象は〜」のような構文も、強調の意思から生まれるものと見て、間違いないと思います。論文は何かを主張する文章ですから、書き手は、始めから、肩に力が入っています。強調したがる気持ちを自制することが大切です。

二つ目の例文は、ずっとよく見られるタイプのものです。これは誰でもおかしな文だと思うでしょう。「関心が」に続く正常な述語は「高い」か「強い」です。この主語名詞と述語動詞・形容詞の続き方には、多くの場合、規範性があります。辞書には〈こうでなければならない〉とは書かれていませんが、例文を見れば、その名詞に対して適切な動詞や形容詞が何であるかが分かります。『新明解国語辞典』は、「関心」に関して、「〜が集まる」、「強い〜を抱く」、「大きな／重大な〜を持つ」、「〜の薄さ」、「〜が盛り上がる」、「〜が高い」の用例を挙げています。「知識人たちは、古代の美術に関心が多かった」は、用語法に対する関心の薄さによって作り出された文かもしれません。あるいは、「多くの知識人が、古代の美術に関心をもっていた」が念頭にあって、ひとの「多さ」が、「関心」の形容へと移されたのかもしれません。

三つ目の文例は、より明らかです。〈朝焼けは、わたしにとって、強烈な体験だった〉と〈朝焼けは、わたしに強烈な体験を与えた〉との混同です。この一文を書くとき、二つの構文を考えたのでしょう。どっちつかずのまま書き始め、「わたしにとって」としたにも拘わらず、他方の構文の残像があったのです。この種の間違いは、初学者にしばしば見られます。

これらを含め、かかり結びだけでなく、ひろく整合性と呼ぶことのできるような語と語のつながりには、ほかにも、さまざまな形があります。これに関わる誤りに対する対処法は、適切な言語感覚を養うことに尽きますが、これでは指針にはなりません。敢えてひとつだけ、指針になるような注意点を挙げれば、文型の意識をもつことです。かかり結びについてお話ししたように、文を切り出したとき、既にその文をどのように結ぶかが考えられていなければなりません。それがあいまいだと、途中から別の文型に乗り換えて、始めの主語に対して釣り合わない述語を書く、ということになりがちです。文型というのは、英文法で教えられる五つの基本文型という、あれです。英語の文は、骨格だけを取り出せば、五つの型のどれかに収まる、というのは素晴らしい原則であり、指針です。日本語の文に関していくつの基本文型があるのか、わたしには分かりませんが、少なくとも、文を書き出すときに、その骨格を意識することは可能です。試みてください。

6　自動詞・他動詞の区別

構文の骨格は、語句のまとまりとそれらの間のつながりによって構成されています。そしてこの骨格を支配しているのは動詞です。動詞が自動詞なら目的語がなく、他動詞なら目的語を持ちます。五文型と言わずとも、この動詞の自他の区別を意識するだけで、文の骨格はつかめます。というより、その意識なしには、文のかたちが捉えられません。外国語（西洋語ですが）のテクストを読む時間に、わたしはこのことを強調して教えてきました。

この確信は、いくらか相対化して考える必要がある、と思います。英語では、自動詞かつ他動詞という例が多々あります。どちらにも使える動詞です。意味にかなり顕著な違いのあることもあります。例えば "feel" の場合、「〜だと感じる」というのは自動詞ですが、他動詞として使うなら「触る」という意味が表に出てきます（実は自動詞にも、「この生地はすべすべした感じがする」という用例がありますす。それぞれの文における語義を特定するうえで、人が主語の場合と物が主語になる場合を区別することも欠かせません。この区別の記載されていない辞典があるとすれば、それは不備です）。どちらにも使われる動詞は、動詞から構文を予想することができず、逆に、文中に目的語があれば、その動詞は他動詞、なければ自動詞、と考えることになります。それでも、動詞の自他の区別と目的語のあるなしが相関的であることに変わりはありませんから、いま読んでいる文のなかで動詞がどのような機能を果たしているかを意識することは、決定的に重要です。

問題は日本語の場合です。一般論として、日本語の文法を西洋語の文法をモデルにして考えることに反対する言語学者たちが、たくさんいます。わたしは文法を研究しているわけではありませんが、この考え方に共感し、若いころに論文を書いたこともあります。共感の根拠は文化一般について、どの文化も同一のモデルに従っていると考える謂れはないだろう、現に「カルチャーショック」というものがある、と考えるからです（この思いは、『日本的感性』中公新書、という著作になりました）。いま問題にしているのは自動詞と他動詞です。まず、西洋語の文法における自動詞―他動詞と、日本語文法におけるそれらは、概念が違います。西洋語では、いまお話ししたように、機能によって自他が定義されます。それに対して日本語の自動詞―他動詞は意味の違いです。他動詞は何かに対する働きかけを表現する動詞で、その働きかけを含まないものが自動詞です。機能的と意味的というこのふたつの概念は、矛盾するわけではありません。働きかけるには当然、目的語が必要になるからです。しかし、概念としての違いは相当なものです。日本語では、目的語の意識が希薄になりますし、働きかけが必要とするのは「〜に」という間接目的語であって、西洋語の他動詞が要求する直接目的語ではありません。

言葉を口にする、筆を運ぶ、いずれにしても、言葉は時間に沿って生まれていきます。当たり前の事実ですが、実は非常に重要です。前の節で、「順繰りに片付いてゆく」という話をしました。言葉の時間的性格から見て、当然のことです。英語やフランス語などでは、主語の直後に動詞がきますから、その動詞が構文を支配する、と考えられます。それに対して、動詞が最後にくる日本語では、構文はなにか別のかたちで決定されるのではないか、と考えるのが自然です。もう一度、「山頂で見た朝焼けは、わたしにとって、強烈な体験を与えた」を考えてみましょう。この文を書くときの経験を考えるなら、構文を決定しているのは「わたしにとって」であって、「与えた」ではありません。出来上がった文を批判的に吟味するときには、どちらの見方も可能ですが（このことの重要性を、この次にお話しします）、書いているときには、「わたしにとって」と書いたなら、「体験だった」と結ばなければならない、という規定力が生まれます。これが文の方向性とかたちを、簡単に言えば構文を決定する仕組みです。前節でお話しした「かかり結びと整合性」は、このような日本語の構文に関わることでした。

自動詞―他動詞の区別は、日本語の文章にとって大きな骨格を支配するものと見るには、無理がありそうです。それでもなお、この区別の意識は重要です。書かれた文章を読むひとには、この点の違和感ははっきりと目につきます。そして、その文の歪みの印象を与えます。とくに、日本語の動詞の自他の区別では、構文の意識が希薄になるのですから、これに関する間違いは、頻繁に起こります。一例を挙げます。

かれのふるまいは、世の人びとを錯乱した。

ちょっと詩的です。かっこいいと思ったひとは、確かな言語感覚をもっている、と考えてよいでしょう。何も感じなかった人は、その点を不安に思った方がよいと思います。「錯乱」は動詞として使うこと自体が少ない語ですが、使うとすれば自動詞です。このような漢字二文字の語句が動詞として使われるときの自他は、それぞれの漢字の意味によって規定されます。「乱」は「乱れる」とも「乱す」とも使えます。しかし、「錯」は「いりまじる」「あやまる」（『岩波新漢語辞典』）という意味ですから、自動詞です。「錯乱」も自動詞と考えなければなりません。つまり、「わたし」が錯乱するのです。それを他動詞として使ったところに（「ふるまい」が主語になっています）、この文例の「詩的」な効果があります。文学作品ならひとつの表現になりますが、論文では誤用です。この自他の間違いは、広くみられる現象です。国文学者の多田一臣氏によると、本来「～に鑑みて」と言うべきであるにも拘わらず、「～を鑑みて」と言うひとが多い、とのことです。このような他動詞化とも呼ぶべき傾向は、氏によれば平安期に既に見られたことのようです。わたしが気になっているのは、「～について」とか「～に関して」と言うべきところで、「～に対して」とする若者が多いことです。妙に突っ張った心の構えが見えるように思われるからです。杞憂にすぎないのであれば、さいわいです。

7　繰り返しを避ける

よい散文を書くための勘どころは、繰り返しを避けることです。繰り返しは詩において効果を生みます。定型詩は繰り返しに基づいている、と言うことができます（和歌や俳句における、五音、七音の繰り返し）。散文においては、意図的な強調の場合を除いて、繰り返しは耳障りです。繰り返しを避けるべきことは、既に「は」と「が」の節で触れてあります。ここでは、音ではなく語句の繰り返しが、強調したいという気持ちによる、ということを指摘したいと思います。意図的な強調ははしたないかもしれませんが、説得術の一部です。しかし、意図しない強調はぶざまです。意図的な繰り返しは、例えば、「人民の、人民による、人民のための」に見られます。「人民 people」を三度繰り返すことによって、リンカーンは自らの政治的なスタンスを際立たせています。論文における意図しない繰り返しの典型は、「非常に」「とても」「大変」「きわめて」「もっとも」「ただ……だけ」など強調語を、頻繁に使うことです。書いているときには気づかないのですが、知らずしらずのうちに、力説しようとする気持ちが表れてくるものと思われます。このような「重要だ」の安売りは、当然、その効果を薄めます。読み手はその強調を読み飛ばし、書き手の焦りのような姿勢が印象に残ります。これはわたし自身が自戒していることで、推敲の際にチェックすることのひとつです。

ほかに繰り返しがちな語句としては、「より」があります。「AよりもBが、より美しい」というのは、Bと比較してAが上だ、という意識が強いところから生まれてきます。また、「ような」もよく繰り返される語句です。「メジャーが制作するような音楽とは、対極にあるような音楽」というような表現です。「ような」は、そのものではなく、それを類型化する、という意味付けの語句で、「類の」や「種類の」と同じ効果を持ちます。議論を特定の対象に限定せずに、一般化しようとする心持の見える用語法です。この例文では、前半は「メジャーが制作する類の音楽」と言い換えることができますが、後半を「対極にある種類の音楽」とするのは不正確かもしれません。そのような「種類」が既に存在すると認められていればよいのですが、そうでなく、単にメジャーが制作する音楽とは非常に違うということを言いたいのであれば、「種類」とは言えません。「ような」としか言えない場合もあるわけですから、それに限って使うべきです。また、この例文では、「のような」を二つとも削除しても、効果はほとんど変わりません。なくてもよいものは、むしろ削除するのがよいでしょう。

語句の繰り返しには、個人差があります。繰り返しを特に好むひとがいます。「好む」というのは不正確です。意図せず、自覚なしに繰り返すからです。例えば、「ジェイムズ・ディーンは、五年という決して長いとは言えない俳優活動のなかで、三本という決して多いとは言えない映画に主演した」の場合、まず「決して長いとは言えない」という表現を見つけ、それを書きつけたあと、その言いまわしの記憶が残っていて、「決して多いとは言えない」を生み出した、と推測されます。これが、「決して長いとは言えない俳優活動」に対して「決して少ないとは言えない映画」であれば、意図的な表現で、対照法とか対句とか呼ばれます。

繰り返しを避けるためには、語句の言い換えが必要になります。われわれ日本人は、概して言い換えが苦手です。それはそのような訓練を受けていないためで、教育の責任ですが、それを言い立てても始まりません。卒業論文を書く機会に、苦しんで試みてください。この点についてわたしが多少とも知っているのはフランスのケースですが、かれらは子供のときから、繰り返し言い換えを要求されて育ちます。そのため、テクストを読んでそれを自分の言葉に変えることに困難を感じないようです。繰り返しを避ける工夫は伝統となっていて、西洋人は、例えば「アリストテレス」という固有名に対して、「(大文字の)哲学者」、「スタゲイラのひと」(生まれ故郷の名)という別称を用意していて、本来の固有名と「かれ」という代名詞、「われらの哲学者」というような言い回しと合わせると、五通り以上の呼び方ができるようになっています。アリストテレスの哲学を論じるときには、頻繁にこの名を挙げる必要があるので、このような工夫がなされるわけです。

8　接続詞・副詞の活用と「ところで」

論文の全体はいくつかの章によって構成され、それぞれの章はいくつかの節に分かれます。そしてその節を形成しているのはパラグラフ（段落）です。パラグラフが考えの基礎的な単位になることは、取り上げてお話ししました（第三章の3、本章の2）。このように見ると、論文とは、パラグラフの表現するこの単位的な考えをいくつも重ね、組み立てていって、全体の論旨を構成するものだ、と言うことができます。パラグラフの書き方が重要であるのに劣らず、このつなげ方も重要です。ここでは、このつなげ方を取り上げます。パラグラフが分かりやすく書かれていても、パラグラフ同士のつながり、関係がはっきりしないと、論旨が焦点ボケになります。極端な場合には、いくつもの考えが、ばらばらに伝えられ、それらの組み立ては読者の想像力次第、ということになりかねません。パラグラフ同士の順序については、本章の2で述べた「見通し」の明瞭さが、そのまま指針となります。そこで具体例に即して確かめた、情報の順序の重要性を思い出して下さい。

ここでは、この組み立てに関する工夫、すなわち、パラグラフとパラグラフを関係づける接続詞や副詞の活用法をお話しします。接続詞といっても、「山また山」の「また」とか、「美しくしかも頭がよい」の「しかも」のように、表現に埋没しているものを考えているわけではありません。三段論法の例を思い出してください。《そもそも、人間は死ぬものである。—ところで、ソクラテスは人間である。―よって、ソクラテスは死ぬものである》というものでした。「そもそも」は、大前提が一般命題であることを示すため、「ところで」は小前提において主題が切り替わることを示すために、わたしがつけ加えたものですが、結論の「よって」(あるいは「従って」)は慣例的に用いられるものです(フランス語では小前提を示す接続詞があります)。これらの接続詞は、論理的な値、あるいはその前の命題との関係を明示する役割を担っています。わたしがここで「接続詞」と呼ぶのは、そのようなものです。また、副詞と言い添えたのも、念のためのことで、接続詞的に機能する副詞だけを考えています。例えば、「そこで」は、独立的に使われれば接続詞と見なされますが、文字通り、直前の表現を指す場合には副詞でしょう。特にそのような「そこで」は、前の文と次の文を関係づける役割を果たします。品詞の文法的な区別に拘らなければ、一括して接続詞と呼んでよい、そのような趣旨です。

わたくしごとですが、学生時代に演劇活動に熱中していたことがあります。そこで得た直観のひとつは、演劇のせりふにおいては、できるかぎり接続詞を省き、文字のうえで省かれた接続関係を俳優のせりふ回し、声調によって表現しなければならない、ということでした。そのように書かれた戯曲を読み、声を切り替えるべき箇所を見つけ出すのが、俳優の重要な仕事です。これに対して、論文は戯曲と正反対です。論理が切り替わる場所ごとに、適切な接続詞を用いて、そのつながりを明示しなければなりません。これは、読み手にとって道案内になります。論文を戯曲のように書いたのでは、読むひとは、すらすらと読み進めることができず、論理的な方向性を、四つ角ごとに考えなければならなくなります。

接続詞を書き込むことにも、「他人のためならず」の面があります。接続詞を意識することによって、文と文、パラグラフとパラグラフを、自分がどのように関係づけようとしているのかの自覚を促されるからです。パラグラフを書くうえで必要とした「見通し」を得るために、これは必要なことですし、逆にこの関係づけによって「見通し」がつくられる、とも言えます。

そのような接続詞のなかで、「ところで」の類は禁句です。「ところで」を使えば、論理的につなげるという配慮そのものが要らなくなるからです。全く関係のない話題でも持ち出すことのできるのが、「ところで」です。またしても反論されそうです。つい今しがた、三段論法の例を挙げ、接続詞が重要だと言ったばかりではないか、そのなかの小前提を提示するのが「ところで」だったのを忘れたのか、というお叱りです。その通りでした。ところが、この二つの「ところで」は役割が違います。三段論法の小前提は、大前提とは異なる話題（普遍的な事柄に対する特殊な事柄）を導入するのですが、それは大前提と関係づけるためのものです。両者はすぐに掛け合わされて、結論が引き出されます。このような、先の見通しのはっきりしている「ところが」は、何ら問題ではありません。使ってならないのは、脱線してゆくときの「ところで」です。

脱線の「ところで」が導いてゆく先は、おそらく連想された話題です。書き手は、そこで語っている主題と何らかのつながりのある別のモチーフへと移るのです。かれ／彼女の心の中では、二つの話題の間に何か関連が感じられているのですが、どのようなつながりなのか意識されていません。このような連想は個人的なもので、ほかのひとには通用しません。なかには、その関連が当然のものであると思っているケースもあります。これは重症で、ほかのひとに指摘してもらわないと気づかないでしょう。「ちなみに注」を思い出してください。「ちなみに」として導入されるような話題が注にしか書けないのは、それが議論の流れから逸脱しているからです。言い換えれば、議論主体に考えれば不要な話題だ、ということです。それを、何らかの理由によって書き留めておきたい、というのであれば、注に書くということになります。従って、脱線の「ところで」を回避するための鍵は、論の見通しをはっきりさせておくことにあり、対処法は注の活用にあると言えるでしょう。

9　句読点の打ち方

句読点と書きましたが、問題になるのは読点だけです。句点、すなわち、文の終りに打つ「まる」を忘れるひとは、まずいません。それに対して、文中のところどころに挿入する「てん」は、打ち方を知らない初学者が少なくありません。読点は、その名の通り、読みやすくするために打つもので、読点なしの文は読みにくいものです。読みやすくなればそれでよいので、特に決まった規則があるわけではありません。それでも、読みやすさ、分かりやすさは、分節の明瞭さによることですから、自づから、てんを打つ場所は限定されます。まず、主語となる句、目的語となる句、述語となる句を区別するのがよいでしょう。接続詞や独立した副詞句のように孤立しているものも、てんで区画すべきです。そのほか、いくつかの事項を枚挙する場合や、AとBを対比する場合にも、それぞれの分節を際立たせましょう。一例をあげておきます。てんの打ち方に注意しながら、読んで下さい。

現代が〈生き甲斐の時代〉であるよりは、むしろ〈疎外の時代〉であることを、多くの論者が指摘してきた。たしかに、われわれの周囲には、蓄財を欲して財をえず、献身を望んで人間ロボットと化し、和合にこがれて孤独に悩み、忠誠を誓って境界人（marginal man）でしかありえない人びとは、あまりにも多い。このことがまた、蓄財と献身、和合と忠誠という社会的セルフへのヒューマンな意欲を沮喪させ、あるいは逆に、フェティシズムや強迫的同調、ファシズムや狂信に示されるごとき、社会的自己の異常な肥大化と個人的自己の異常な矮小化とを結果することにもなっている。（吉田民人『主体性と所有構造の理論』、東京大学出版会）

これは、読点の打ち方の手本とすることのできる文章です。最初に、対比があります。次の文では、接続詞と独立した副詞句に続けて、読点で区切られた四つの事例が列挙されています。最後の文だけが、やや長めです。しかも、そのなかに対照的なふたつの句が並べられていますので、読点を打って、〈社会的自己の異常な肥大化と、個人的自己の異常な矮小化とを、結果することにもなっている〉としたくなります。しかし、こうすると、この部分がひとつのブロックとして、前の〈……ヒューマンな意欲を沮喪させ〉という節と対比されているという構図が見えにくくなります。そこで、著者は少し長めでも、これを一息に続けることを選んだものとみられます。

10 「のである」病と「というもの」病

話題は個別的なものへと移ります。個々の用語法を取り上げるときりがないので、論文において特によく見られるものに限ります。ここと次の節では、好ましくない言い回しを取り上げて、何故それらがよくないのかの理由を説明します。この説明が難しいと思うひとはとばしても構いません。ただ、どうしてそれがいけないのか、と疑問を覚えた場合には、わたしの説明を読んでもらうほかはありません。

まず、見出しに挙げた二つの個別の語法を取り上げます。文法的に誤用というわけではありませんが、論文では好んで使うひとがおり、癖のように多用されると見苦しく（あるいは聞き苦しく）感じられます。この二つの語法を極力使うべきでないとする根本の理由は、これらの言い回しが、なくても構わない無用のものだ、という点にあります。それでも、以下に指摘するように、それらを使うのが適切なケースがあり、それをこれから検討します。しかし、それをはずれる用法、言い換えれば使う必要のない場所でも使われるのは、これらが論文の文体の一部である、と誤って考えられているためではないか、と思われます。たしかに、これらを日常会話で使うひとは、あまり見かけません。使うと、引用句のような響きを与えるはずです。有名な「これでいいのだ！」というせりふの効果も、そのような「違いの響き」にあったはずです（「〜のだ」は「〜のである」と等価です）。

まず「のである」を考えます。「のである」文を好んだ書き手として、西田幾多郎が思い起こされます。そこで、『善の研究』から二か所を例にとります。第一の例は、第一編第一章「純粋経験」の冒頭部分、第二の例は続く第二章「思惟」から借りたものです（なお、例文としては原文のままの旧かな遣いで表示しますが、あとの議論のなかでは仮名遣いを書き換えます）。

（1）経験するといふのは事実其儘に知るの意である。全く自己の細工を棄てゝ、事実に従うて知るのである。純粋といふのは、普通に経験といつて居る者も其実は何らかの思想を交へて居るから、毫も思慮分別を加へない、真に経験其儘の状態をいふのである。例へば、色を見、音を聞く刹那、未だ之が外物の作用であるとか、我が之を観じて居るとかいふやうな考のないのみならず、此色、此音は何であるといふ判断すら加はらない前をいふのである。

（2）思惟といふのは心理学から見れば、表象間の関係を定め之を統一する作用である。その最も単一なるかたちは判断であつて、すなわち二つの表象の関係を定め、之を結合するのである。併し我々は判断に於て二つの独立なる表象を結合するのではなく、反つて或る一つの全き表象を分析するのである。例へば「馬が走る」といふ判断は、「走る馬」といふ一表象を分析して生ずるのである。

この二つの箇所は、かたちのうえでも、思想内容の点でも、照応しあっています。いまからかたちの照応を問題にするのですが、念のために内容について一言しますと、これらの相互の関連性は、(2)のあとに、「それで、判断の背後にはいつでも純粋経験の事実がある」と続いていることによっても確かめられます。まず、「経験」の根底にある「事実そのまま」というあり方を示し、次いで、そこから分析的に立ち上がってくる「思惟」もしくは「判断」を説明する(すなわち「走る馬」から「馬が+走る」へ)、という論法で、そのために「純粋経験」と「思惟」を相互に照らしあわせています。この思想的な照応関係に応じて、(1)と(2)は、相似の構造をしています。最初に「経験」とはなにか、「思惟」とは何かに関する定義のような命題が示され、それに説明が続き、最後に例を挙げる、という構造です。

この二つの文例には、それぞれ三つの「のである」が含まれています。そのすべてが「知るのである」のような、〈動詞+のである〉というかたちです。名詞につけるなら「なのである」となります。例えば、「これが正解なのである」は、妙に癖のある言い回しですが、その歪みを取り去るためには、単に「なの」を削って「これが正解である」とするだけで足ります。ところが、〈動詞+のである〉の場合には、既に動詞があるので、「のである」がそっくり無用のものと言えます。「知るのである」は「知る」と言えばよいのですし、「結合するのである」は「結合する」が簡潔です。一文の構造という点から見れば、西田の六つの「のである」はすべて無用です。しかし、これらを削ってもとの文章に戻してみると、うまくいかないケースが出てきます。最初の文がその典型です。「経験するというのは事実其儘に知るの意である。全く自己の細工を棄てて、事実に従って知る」は変です。つんのめったような感じがします。何故なのでしょう。

この違和感は、「のである」を削ったこの文が前の文にきちんと接続されていない、ということによるものです。逆に言えば、「のである」と付け加えることによって、その文は前の文と関係づけられる、ということになります。なぜでしょうか。「のである」抜きに文が完結している、ということは、「のである」が前の部分にある文を、いわば鍵カッコに入れ、引用している、ということと見ることができます。「全く自己の細工を棄てて、事実に従って知るのである」は、「〈全く自己の細工を棄てて、事実に従って知る〉ということである」と等価です。この文は、主語が省略されていること からも分かるように、「経験するというのは事実其儘に知るの意である」という前の文の言い換えです。「のである」は、或る命題（ここでは「全く自己の細工を棄てて、事実に従って知る」）を引用することによって、言い換えの役割を果たしています。引用される命題は、当然、それを持ち出せば万事解決するはずの明らかな命題でなければならないでしょう。「どうだ、これで分かるだろう！」というわけです。次の文、「純粋というのは……真に経験其儘の状態をいふのである」の場合、「のである」は不要です。これを省いても、文は流れてゆきます。著者の気持ちでは、第一文にないものの、さらにその前に標題として示しておいた「純粋経験」を言い換え、説明するつもりがあったので、この関係づけの意識から、「のである」となったものと思われます。

試みに国語辞典で「のだ」をひいてみたところ、『明鏡国語辞典』はこれを「連語」として取り上げていました。そんな項目があるはずはない、と思っていたので驚きました。意味が六つも挙げられていて、説明はどれも的確と思われました。その第一の意味は次のようになっています。「前に述べたことやその場の状況の原因・理由・帰結などを、解き明かすような気持ちで提示する。言い切りの形には断定の気持ちがこもる」。完璧です。例文を見るとさらに納得がいきます。「熱がある。風邪をひいたのだ」、「高齢なのだから無理しないほうがいい」とあります。前者はやや書き言葉風ですが、語尾を少し変え、「風邪をひいたんじゃない？」とすれば会話のなかで使う表現です。後者（「なのだから」）は完全に日常的な表現です。特に前者は、いましがた検討した西田の用法と完全に符合します。

するとわたしは間違ったことを言ったことになります。さきほどわたしは、確かに、「のである」を日常語で使うひとは、あまり見かけないと書きました。論文で多用される「のである」と、日常語のそれを同じものと思っていなかったからです。同じ語法と感じない理由は、論文では無用の「のである」が目立つのに対して、日常語ではそのような使い方が皆無だからです。西田の（2）の第二文「その最も単一なるかたちは判断であって、すなわち二つの表象の関係を定め、之を結合するのである」の「のである」は、削っても何ら支障はなく、無用です。第一文が「思惟」とは何かを説明したあとで、その「思惟」の最も基礎的な単位である「判断」とは何かを語っているので、そのつながりの意識が「のである」を著者に使わせた動機かと思います。これに続く文は、「心理学」的な通説に対して、オリジナルな自説を提出しています。この「のである」は、自説を「引用」して強調するような趣きがあり、無用とは言えません。その次の文は、「例えば」として、その判断の構造を具体例に即して説明しているので、前の文と等価なものとして、同じ文末の表現をとったものでしょう。しかし、その結果、「のである」が三つ続くことになります。散文において繰り返しを避けるべきだというだけではありません。もともと「のである」が主張を額縁に入れるような性質のものなので、このような連続は不快な響きをたてます。わたしなら、別の言い回しを探します。例えば、次のようにしてみます。

思惟というのは心理学から見れば、表象間の関係を定め之を統一する作用である。その最も単一なるかたちは判断であって、すなわち二つの表象の関係を定め、之を結合するはたらきである。併し我々は判断に於て二つの独立なる表象を結合するのではなく、反って或る一つの全き表象を分析するというのが実態である。例えば「馬が走る」という判断は、「走る馬」という一表象を分析して生ずると見るべきである。

このように、わたし自身は、自分が「のである」と書こうとしているときには、必ず身構えます。そして検討し、どうしてもそう言う他はない、と認めた場合にのみ、この表現をとります。「ことである」(同格)、「わけである」(理由)は「のである」と等価ですが、「額縁」効果はなく、より論理的であるので、好ましく思いますし、他にも工夫の可能性がいろいろありますので、試みてください。「というもの」については、日常語ではほとんど使われないと書いたとき、口語的な言い回しにこれがある、ということを承知していました。歌舞伎の世話物に出てきそうな「わたしというものがありながら……」とか、「お前は世間というものが分かっていない」というような言い方を、わたしたちはもうできなくなっているのかもしれません。わたしも、これを分析し説明することはできません。ただ、含蓄の深さを感じます。そこに生きているひとの重みとか、人生の経験に培われた認識というような厚みです。論文は論理的な構築物ですから、そのような厚みとは、少なくとも文体のうえでは、無縁です。「というもの」という言い回しの意味は、「〜とは何であるかと言う場合のそれ」ということですから、簡単に言えば「本質的な意味における」ということです。これを、特にわけもなく主題的な名詞につけるのは見当違いというものです。「存在というもの」や「詩というもの」など、軽々に口にできることではありません。これも、自戒の必要な語法です。

11　「述べる」の貧しさ

卒業論文や修士論文を読んでいると、「述べる」の繰り返しにうんざりさせられることが、しばしばあります。「述べる」の使用には理由があります。カントに関する論文なら、カントのテクストから頻繁に引用します。そのたびに、「カントは次のように述べている」という種類の断り書きをする結果、これが繰り返されるわけです。しかし、わたしの説得の言葉を聴いていたかれは、「はい」と述べたと言うひとはいないでしょう。もしあなたが、この表現に違和感をもたないとしたら重症です。日本語としての「のべる」は、「述べる」であるとともに「延べる／伸べる」でもあります。「はい」というだけの短いことばは、「述べる」とは言えないはずです。当初わたしは、この短さが違和感の原因だと考えていましたが、長い引用文に付けられた「〜と述べている」にも違和感が残ります。あるとき、辞書の用例を見ていて、その真の用法に思い至りました。ひとが「のべる」のは、意見、心、理由などであり、「〜を述べる」というのが本来の言い回しであったはずです。意見、心、理由などはいずれも展開して初めてそれと知られるものなので、「のべる」と言われたものと解されます。言い換えれば「〜と述べる」は、わたしの考えでは誤用です。『明鏡国語辞典』は三つの用例を挙げています。「礼を述べる」、「所信を述べる」、そして「著書のなかで述べる」です。最初の二つは正統的な用語法ですが、三つ目の表現には寸足らずの感が残ります。「〜と述べた」という使い方に配慮したもののようですが、少なくともこの用例では、「何を述べたのか」と聞き返したくなります。

「〜と述べた」は広く使われており、テレビニュースのアナウンサーも使っています。特に文章のなかで、発言や文献を引用した際に使われる「〜と述べる」には、「書く」「言う」と同じ特殊な性格があります。辞書の編者が「著書のなかで述べる」という、やや奇妙な用例を加えたのは、「述べる」が口頭の発言に限らず、文章表現の場合にも使われる、ということを断る趣旨があったものかと推測されます。文章で表された趣旨を指して使われる「言う」「書く」「述べる」などに共通の特異性とは、「〜と書いている／言っている／述べている」という状態を表す語尾を用いることです。「走っている」「食べている」はもとより、言語行為でも「囁いている」になると、これらの「している」は現在進行形です。それに対して、引用句について言われた「〜と書いている」は、筆者がそこでペンを手にして原稿用紙を埋めている、ということではありません。その語尾の表す「状態」は文書のかたちで、いわば永遠に現在化された発話や主張の状態にほかなりません。これは相当程度まで、英語やフランス語などにもみとめられることです。これを比喩表現と見るべきかどうかについては、議論の余地がありますが、「（ペンを手にして）書く」のとは明らかな違いがあります。これ以上、この問題には立ち入りませんが、引用を持ち出す際の「〜と述べる」が広まったについては、状態を表すこの特異な用語法があると考えられます。

わたしがこれに言及する主たる理由は、「〜と述べる」という言い回しの貧しさにあります。この動詞が、「言う」や「書く」とのアナロジーで、この特異な用法を獲得したについては、この場面で使うことのできる日本語の動詞が非常に少ない、ということが関係しているように思います。英語の場合で言えば、引用文を提示する際に使われる動詞としては、次のようなものがあります。Say, speak, tell, state, mention, express, utter, put forth, relate, explain, refer to, give, declare, claim, argue, assert, insist, hold, contend, plead, observe, stress, emphasize, affirm, allege, advocate, agree, yield to…… これらの多くは、発言の趣旨（説明する、物語る、論じる、断定する等々）、語調の強さ、対話相手に対する関係（同意する、屈する、弁護する等々）など付随的な意味合いを含んでいます。「言う」「書く」「述べる」は、say, write, tell などとともに、こうしたニュアンスを含まない中性的な動詞です。付加的な意味付けを避けようとするなら、使える動詞のレパートリーが貧しくなるのは当然です。日本人の書く論文のなかで、この種の動詞の数が少ないことについては、そのような色合いを好まない心性が働いているのかもしれません。しかし、発言の趣旨や、語調、姿勢などを特定するなら、対象としているテクストや参照している論考の読み方に奥行きが出てくるはずです。動詞のレパートリーが貧しいのは、読み方の平板さを反映しているようにも思われます。

12　いくつかの誤用・誤記

最後に、頻繁に見られる言葉の誤用誤記を挙げておきます。

「たとい」――「たといそのために疎んじられるようなことになろうとも、直言する」という場合（even if）の副詞は、本来「たとい」であって、「たとえ」ではありません。いまでは「たとい」と書くひとはほとんどなく、そのように書くと間違いと見られかねません。言語学者たちは慣用を積極的に容認しようとしますから、「たとえ」を辞書に記載しています。「い」から「え」への変化は音声的な訛のような印象を与えますが、おそらくは意味の誤解が介在しています。これを「たとえ」に変えると同時に、「例え」と書くひとがたくさんいるからです。驚いたことに、いまわたしがこの原稿を書くのに使っているワープロソフト「ワード」の「標準辞典」は、それを正しい表記法として表示しています。これはとんでもないことです。「たとい」を「例え」と表記するのは、この副詞をどのような意味のものとして理解してのことでしょうか。右の例に即して言えば、こういうことではないかと推測されます。〈直言すると、いろいろな結果が起こりうる。そのなかの一例として、疎んじられることが考えられる。それでもなお……〉。「たとい」の核をなす意味は「それでもなお」ですが、この意味成分と「例」を挙げることの間に、論理的な関係はありません。「たとい」は漢字で書けば、「仮令」か「縦令」です。たといこれを「たとえ」と発音しても、「例え」と書くのは誤用です。これらの正しい漢字を使うか、さもなければひらがなで書かなければなりません。

「譬え」と「例え」——「たとえ」ついでに、もうひとつの混同を挙げます。「たとえる」は「譬える」であり、「たとえば」は「例えば」です。「たとえる」は比喩表現に訴えるという意味であって、例を挙げることではありません。一例を挙げるなら、「人生はしばしば航海に譬えられる」(『明鏡国語辞典』)に即してそれを理解することができるでしょう。「航海」は「人生」の例ではありません。「たとえは悪いが」という場合の「たとえ」も、「譬え」であって「例え」ではありません。例を挙げているのではなく、何かになぞらえているのです。

「かかわらず」——この語には二つ用法があります。「晴雨にかかわらず決行する」という場合と、「注意してやったにもかかわらず、かれは詐欺にかかった」という場合です。英語で言えば、前者は“without regard to~”、後者は“despite”か“though/although”です。日本語のこの二つの表現に違いを感じるのは、前者の場合、「かかわらず」は「関わらず」で、「晴雨とは無関係に」という意味と思われるのに、後者は「わたしの忠告とは無関係に、かれは詐欺にかかった」という意味とは考えられないからです。区別は微妙です。『新明解国語辞典』は、これらがいずれも「拘わらず」で、同じ意味のものと解しています。「拘る」とは「こだわる」という意味です。右の二つの用法は、「拘らず」と考えれば同じ意味に帰着します。かつては、「拘らず」と書いていたものを、いまでは区別することなく「関わらず」と書くひとがほとんどです。その結果、「注意してやったにもかかわらず」に関して明白な意味の歪みを生んでいます。「晴雨にかかわらず」も本来の意味は、「晴れるか雨が降るかに拘泥することなく」であったはずです。「~とは無関係に」とは意味が異なります。

「かつて」と「エンターテインメント」——促音の「つ」や拗音の「や・ゆ・よ」は小さく表記します。そこで、われわれはこれらの文字に対して、「小さいのではないか」という猜疑心(?)をもって向かっているかのようです。カタカナ語の場合に顕著ですが、それにとどまりません。ここから先は、特に文字の大きさに注意して読んでください。英語のentertainmentを音写したカタカナ語は、「エンターテインメント」です。「ワード」で「エンター」と入れると、変換候補として「エンターテイメント」という語も出てきます。この英単語は、日本人の耳にはｎの音が脱落して聞こえるのだと思います。そうなると、「エンターティメント」という誤用まであと一歩です。この種の間違いは、「ギュメ」、「ミルフィーユ」*などに見られるだけでなく、日本語の単語にもあります。〈以前〉の意味の「かつて」を「かって」と思っているひとが少なくありません。日本語の場合には、歴史的な音変化と見られる面もありますが、外国語の音写の場合は間違いで、基礎単語だと見苦しいと思います。特に注意すべきは固有名詞で、「トロツキー」を「トロッキー」、ポーランドの作曲家「ペンデレツキ」を「ペンデレッキ」と思い込む類です。

＊　念のため説明しておきます。ギユメもミルフイユもフランス語です。ギユメは引用符のことで、「ユ」を小さくした「ギュメ」は、もとは誤用ですが、いまでは山型カッコ（《…》）の呼び名として使われています。「ミルフイユ」というお菓子は、「千枚の葉っぱ」という意味でパイ生地の性状を表しています。日本語の呼び名は、「イ」を小さく見たうえに、その音を伸ばしています。西洋語の単語と見ると、後ろから二番目の音を伸ばすのも、われわれの病気です（因みに、「ミルフィーユ」に相当するフランス語は「千人の女の子」という意味です）。

第九章　見直しと推敲

0　若さと推敲の難しさ

　若かったときには、推敲するのが苦手でした。心のなかに渦巻いている熱気のようなものが、推敲する作業を妨げていました。いまは、推敲を愉しんでいます。推敲は老人むきの仕事なのかもしれません。それでも、若書きの論文のなかに修正されずに残った見苦しい間違いを見つけたりすると、痛い羞恥心に襲われます。推敲は大切です。

　いま推敲を愉しんでいるのは、ほとんどが文章の彫琢だからです。しかし、ときには、議論が立ち往生して、見直しを迫られることがありますし、さらに、書き上げたものの議論がうまく展開していない、と認めざるをえなくなることもあります。文章の彫琢は平和ですが、議論を立て直すのは深刻で、自分との格闘が必要になることもあります。本章では、この両方に目を配ります。しかし、お話しすべきことは単純です。この章は非常に短いのですが、推敲の重要性を考え、文章法の章とは独立した場所を与えることにしました。

1　他人の目で見る

推敲に関して、アルファにしてオメガと言える秘訣は、自分の書いた文章を、他人の目で読むことです。他人の目とは、読者の目ということで、事実、推敲するとき、あなたは読者です。筆者のままでいるとき、自分で言いたかったことが頭のなかに入っています。推敲とは、それがうまく表現できているかどうかをチェックすることですが、論旨を念頭に置いて文章に当たると、正解が分かって答案を読んでいるようなことになります。他人が読むと分かりにくいことも、自分では分かってしまいます。ですから、初めて読む他人の新鮮な目で、自分の草稿を読む必要があるわけです。

他人の目を獲得するには、書いたものを忘れることが必要です。そのためには、時間をおき、ほかのことをして、論文を遠ざけておくことです。再度草稿を手に取って、見直しを始めたときに、自分の書いた文章の言い回しが、次々に思い出されてくる、というのでは、忘れ方が不十分です。古来、草稿を「深く篋底《きょうてい》に秘す」と言われているのは、大事にしてひとに見せないとか、恥ずかしいので人目に触れないようにする、などということではなく、このことを指しているのだと思います。この言い回しが使われるのは、何年にもわたって草稿を寝かせておく、という場合です。卒業論文はもとより、博士論文でさえ、期日に追われている、ということが普通でしょうから、このようなことはできません。できる範囲で、努めて冷静に読む、ということになります。

2　誤りを認める勇気と潔さ

不明な、あるいは不鮮明な箇所を見つけたとします。文章表現が拙くてそうなっている、という場合は軽症です。ここはこういう意味ではないか、と自分で言い換えているうちに、適切な表現が見つかることがほとんどです。深刻なのは、考えがあやふやであるために、表現があいまいになっている、という場合です。草稿を書いた時点で無理をしたことが、ここで露呈してきます。論文指導を受けている場合には、先生が指摘して下さるかもしれません。ゼミの時間にリポートをしてみると、友人が、そこがよくわからない、と言ってくれるでしょう。もちろん、公式の討論の場ならば、自説を護らなければなりません。しかし、それ以前の場所では、むきになってはいけません。冷静に見て、自分の書いたことの欠陥を突き止めることが有益です。それには、潔さが必要です。潔くなるには、さらに勇気が必要です。自分の考えや議論に欠点があると認めることは、それを書き換えなければならないからで、それはしばしば容易なことではありません。しかし、論文を書くとは、そういうことと受け止めることが肝要です。加えて、無理な議論に無理を重ねるより、欠点を認めてやり直した方が簡単だった、ということが少なくありません。

3　可能な限度を見極める

多くの場合、時間は限られています。卒業論文なら、期限までに提出できなければ、留年しなければなりませんし、課程博士の論文なら、同じく当面の提出の機会を逸します。提出期限のない研究論文なら、徹底して議論を煮詰める必要があります。満足な結論に到っていない論文を公表する必要など、少しもないからです。ときには、そのような論文に出会います。その読後感には、怒りに似た感情が混じります。しかし、卒業論文の場合には、事情は異なります。修業年限のなかで到達した理解力、思考力を表現し、評価を受ける、というのが、その役割です。博士論文の場合には、要求はずっと厳格です。それでも、ある限度において、同じことが言えると思います。

いましがた、自らの議論の欠点を認める潔さのことを話しました。認めたうえで、よりよい議論を構築する、というのはハッピー・エンディングのシナリオです。しかし、よりよい議論が簡単に見つかるのなら、始めからそのように論じていたはずです。改善の道筋が見つかる保証はありません。見つからないと、挫折の危機に瀕することになります。潔さは、議論の欠点を欠点として認識する理解力を前提としています。研究を志す若者たちのなかに、論文を仕上げるのに苦労する人たちを、少なからず、見かけます。このひとたちの多くは、欠点を理解する知力をもっています。その批判力を欠く学生は、平気で無茶苦茶な論文を提出します。周りにそういう人たちのいることを知りながら、論文を最後まで書き上げられずに苦闘をつづけるのは、知的な誠実さと認めてよいでしょう。

こういう人たちに対しては、その潔さを以て、当面の自分の限界を認めることも大切だ、と示唆したいと思います。いい加減でよいとか、ごまかせとか言うのでは全くありません。専門的な研究論文なら、自信を持って提出できる議論ができるようになるまで待たなければなりません。しかし、期日のある論文、卒業論文や修士論文の場合には、その年限のなかでの成果を示す、という認識も大切です。ここまでは明らかだが、次の点については解答を得ていない、という議論が許されると思います。そして、その限界の認識そのものも、理解力の表れとして評価されうるものと、わたしは考えます。

なお、議論の挫折と言っても、ここは推敲を問題としていますので、議論の構想そのものが立てられないというケースは考えていません。そのような問題を抱えているひとは、第五章の主題の立て方を読み直してください。

4　遠視鏡と近視鏡

推敲は複眼的に行わなければなりません。二つの異なるレベルに注意を向けなければならないからです。一方では、論の構成、論理の骨格というマクロなレベルに意識の焦点を合わせるとともに、他方では、ミクロなレベルで、表現、文意の明晰さに注意を払う必要があります。複眼的な意識で推敲することは可能ですが、それが難しいというひとには、少なくとも二回草稿を見直すことを薦めます。一度目は議論のマクロな展開に注目し、二度目は表現の細部を検討することです。

推敲の最も重要な役割は、言うまでもなく、議論の誤りを見つけることです。誤りのなかには致命的なものもあり、そのときには、草稿の全面的な書き直しや、さらにはテーマの放棄さえ必要になることがあります。しかし、幸いなことに、めったにあることではありません。万一、そのような事態になった場合、卒業論文のように提出時期が定められた必修の課題ならどうすべきかは、右の3の項でお話ししました。

そこで、一定の平和のもと、推敲の日常的な仕事は、主として文章に磨きをかけることになります。第八章の文章法で挙げたすべての事柄が、推敲の対象になります。長すぎて分かりにくい文はないか、「てにをは」特に「は」と「が」の使い方に違和感はないか、文は文頭から文末まで筋が通っているか、耳障りな繰り返しがないか、接続詞は有効に置かれているか、読点は適切に挿入されているか、無用の「のである」や「というもの」はないか、という意識で自分の文章に向かい合いましょう。

これらはどれも大切です。しかし、あなたがよい文章の感覚を身につけているなら、特に身構えなくとも、これらの意識は働いています。言うまでもないことですが、念のために断っておきます。「よい文章」とは美文のことではなく、過不足ない言葉遣いで文意を正確に、分かりやすく伝える文章のことです。ただし、文章感覚に頼っていると、自分の癖には気づきにくい、というところがあります。わたし自身は、語句の繰り返しと、無用の強調がないかどうかに、意識的な注意を向けています。また、全体的な心構えとしては、〈加えるよりも削れ〉（ボワロー）を指針とするのがよいと思います。言葉足らずは正さなければなりません。しかし、ときには長い部分をそっくり削ることによって、論の見通しが目覚ましくよくなることもあります。

そのようなマクロなレベルでの注意点として、特に強調しておきたいのは、接続詞の使い方です。既にお話ししたように、接続詞は論理の屈折を強調するという役割をもっています。この文は、これまでとは逆のことを言っているのだろうか、それとも著者は単に予想される反論を取り上げているのだろうか、という意識が読み手には絶えずあります。文章の名手なら、読み手のそのような意識をあやつって、わくわく感を与えるかもしれません。しかし、論文にそのような色気は無用です。読み手の心配に先回りし、適切な接続詞を置くことによって、道筋を明示しておくことが、文章の透明度を上げます。これも意識的に注意すべきポイントです。

第一〇章　書式に関する指針

《論文の書き方》本のなかには、書式の説明に重点を置いているものもあります。しかし、本書は違います。本書のなかで、この章は最も意味の薄い章です。あなたが卒業論文や修士論文、あるいは博士論文を提出しようとしているのであれば、その大学、学科などの定めた書式があるでしょう。また、学会誌に論文を投稿しようとしているのであれば、その雑誌には投稿規定があり、そこに書式が指定されていることが多いと思います。このような場合には、それに従わなければなりませんし、この章を読む必要はありません。そもそも書式が多少風変わりでも、それが論文の評価に影響することはないはずです。ですから、この章は省略することも考えたほどです。書式の指定を受けていない場合に迷う読者がいるかもしれない、と考えて、最小限度のことを記しておくことにしました。それはわたしが準拠している書式ですが、特別なものではなく、一般に使われているものです。

書式は純粋に形式的なことですが、それでも、読むひとに対する礼儀に関わる、ということは承知しておくことが必要です。読みやすさに関係するからです。卒業論文の場合には、ひとりの先生が数十の論文を読まなければならない、ということもあります。それらの書式が不揃いだと、神経に触ります。わたしの経験でも、ごくまれには、極端に小さな活字を使うとか、用紙の一部分に片寄せて印刷するなどのケースがありました。個性の主張は別のところで行ってください。同様に、書式の意識を欠いたまま標準から外れた書き方をするのも、見苦しいと思います。

ここでは、パソコンのワープロソフトを使って原稿を作成することを念頭に置いて、お話しします。手書きするひとはまれでしょうが、手書きなら、縦書きの四〇〇字詰め原稿用紙を使います。以下の書式のほとんどは、そのまま手書きにも使えます。

ワープロの場合、横書きを標準としてソフトがつくられています。縦書きにするのは手間がかかり、注番号の表記など不具合が生じがちです。わたしも、原稿は横書きで作成します。投稿論文のように印刷される場合、縦書きの雑誌であっても、横書きの原稿を受け付けてくれますから、問題ありません。普通に入力すると、横書きであっても句読点は、普通の「まる」と「てん」になりますが、そのままで構いません（横書きで印刷される雑誌や書籍は、これを英語と同じピリオドとカンマに変換しています）。

ページのレイアウト——最初にページ設定をします。用紙はA４を使います。一行の文字数は四〇字でなければなりません。フォント（活字）を大きくするために三五字を選ぶひとがいますが、論文のサイズ（文字数）を計るのに不便です。そのフォントは一〇・五ポイント、一ページの行数も四〇行が便利です。こうすると一ページに原稿用紙四枚分が収まることになります。行間を開けたい場合には、三五行や三〇行でも構いません。マージンはパソコンが提示するままでよいと思いますが、わたしは上下、左右とも三センチとるようにしています。

忘れてならないのは、ページ番号を打つことです。ワープロの初期設定では、ページ番号は、指定しないと表記されないようになっています。ページ番号は、論文のサイズを計算するうえで必要なだけではありません。博士論文はもとより卒業論文でも、提出したあとに口述試験があるはずです。番号が打ってないと、取り上げる箇所を特定することができません。投稿論文についても事情は変わりません。審査結果にコメントがつけられることがありますが、その場合にも、場所の特定が必要になります。

フォントの選択——フォントの種類は、明朝体がよいでしょう。今では、迷うほどたくさんの書体を選ぶことができますが、目立つフォントを選ぶのは趣味的で、無用の主張を示すことになります。明朝体は標準です。特に、全篇をゴチック体（太字）で印刷するのは、読みやすさの点で、感心しません。文中で特定の語句や文を強調するには、太字を使う、下線（縦書きなら横線）を引く、傍点をつける、という三つの方法があります。どれをとっても構いません。最終的に印刷される原稿については、傍点をつけるのがよいかと思います。

タイトルのフォントを大きくしたり、注を小さめに印刷したりするなどの工夫は無用です。ワープロで提出する論文は、一般の読者に提示するものではありません。

目次、参照文献表、索引——本文と注のほかに必要なものとして、目次と参照文献表があります。卒業論文はあまり長いものを要求されません。生涯に初めて書くひとが大作をものすることは、非常に困難です。参照する文献の数も多くないでしょう。それでも、目次と文献表はつけるのがよいと思います。目次は、章と節の分節があることを前提としています。全体が部分に分けられていなければ、目次の書きようはありません。その場合には、目次を省略するよりも、本文を部分へと分節することを考えるべきです。また、博士論文の場合には、索引もつけるのがよいでしょう。重要なのは、固有名詞の索引よりも、概念の事項索引です。これは自分でも参考になることがあります。

謝辞——英語の博士論文や著作の場合には、巻頭、序文の前かあとに、「謝辞（Acknowledgment）」のページを置くのが慣例になっています。学位論文の場合、わたしはこれを不要と考えます。それは、学位論文は全篇、私的な場所をもっていない、と考えるからです。ただ、これは多分に慣習的なもので、理屈で決められることではありません。周囲の人びとがどうしているかに注意してみるのがよいでしょう。ただし、既に強調しておいたように、考えのヒントや重要な情報を与えてもらった場合には、それを注記しなければなりません。しかし、「この論文を書くうえで、〇〇氏に激励していただいた」というような事情は、私的な事柄にすぎません。同じ意味で、献辞（「この論文を〇〇氏に捧げる」）をつけるのも不適切です。著書として印刷公刊できるようになるのを待ってください（その機会が得られなければ、謝意は私的に表現するほかありません）。

パラグラフの切り方——パラグラフ（段落）の区切りは、行を変え、新しい行の始めを一字下げる（空白を置く）ことによって示します。各段落が長い場合には、一行スペースを空けるやり方もあります。この場合には最初の一字下げは必要ありません。これはあくまで、全体のスタイルとして段落が長い場合のことで、それが短いときにこのような表記をすると、各段落が断章のようになってしまいます。

注の書き方——書式として煩瑣な問題は注の書き方に集中します。ここでお話しするのはあくまで表記の仕方についてであって、注とは何か、何を注に書くかなどの問題は、既にお話ししてあります（第七章の5）。

まず、注を置く場所の選択があります。ページの下に、そのページの本文に対応する注を書き込むのが脚注、注を一括して文末（章の終りや全篇の終り）に置くのが文末注です（いまわたしは、多くのひとの使っている「ワード」というワープロソフトでこれを書いていますが、このソフトは「脚注」を注の意味で使い、「文末脚注」などという言い方をしていますが、言葉の誤用です）。どちらでも構いません。読み手にとっては脚注が便利です。文末注だと、それを読むのにいちいち巻末へ飛ぶ必要が出てきますが、脚注なら、同じページの下へ視線を下ろすだけで済みます。しかし、書き手にとっては、文末注の方がよいと思います。それは、本文の展開にだけ意識を集中することができるからです。

注の番号は、博士論文のように大量の注を含む場合には、章ごとに数えるのがよいと思いますが、他の場合には通し番号で構いません。番号は、カッコに入れて示すか、半角の数字を上付きで表示するかです。多くの場合、注番号は文末に付けられます。文末に番号を振る際、句点（まる）との前後関係が問題になります。句点のあとに数字を書くのは英文の流儀の影響と思いますが、わたしは好みません。このような置き方をすると、数字が次の文に付属しているように見えるからで、それを避けるためにはさらに無用のスペースを置かなければなりません。ですから、注番号は句点の前に置きましょう。

これに関連して、同じ意味合いから、引用文をかぎカッコに入れて文を締めくくるとき、句点を重複させる必要はありません（「×××」。となります）。引用したもとの文についている句点と、自分の文の句点が別々に必要、という趣旨かと思いますが、煩雑です。敢えて理屈が必要というのであれば、引用する際、句点の直前までをとってきた、と考えればよいでしょう。

逆の問題もあります。小説家の多くは、登場人物たちの会話を表すとき、かぎカッコに入れますが、その終りに句点を付けません。かぎは引用符に相当し、それが会話のことばであることを示し、句点は文の終りを示すものですから、役割が異なります。かぎで句点の役割を代用することはできません。この奇妙な風習がどのようにして始まったのか分かりませんが、少なくとも論文で、このような書き方はしません。

注の多くは、引用や要約に際してその出典を示すものです。引用文は、既にお話ししたように、独立したパラグラフにする（長い引用や、特に重要な引用の場合）か、文中にかぎカッコに入れて示すかです。その出典注は、簡略なかたちでは、引用の直後にカッコに入れて示すことも可能です。その場合には、簡単に表示できることが原則です。同じ著作からの引用がいくつも続く場合、わたしは、章や節の最初の出典注を書く際に、「以下、特に断る場合を除き、本章での引用は、すべて○○からのもので、そのページ数をカッコに入れて示す」というようなただし書きを加え、あとは文中にカッコに入れてページ数だけを記す、というやり方をしています。○○の部分は文献のデータに相当しますが、その表示法は、単行本ならば、

渡辺裕『聴衆の誕生――ポスト・モダン時代の音楽文化』、春秋社、一九八九年、一五三～一五八ページ

というように、著者―書名―出版社―刊行年―ページの順で書きます。翻訳書の場合には、翻訳者の名を著者名のあと、あるいは書名のあとに記します（カッコに入れると整然とします）。論文の場合、「書名」が論文のタイトルになり、そのあとに、その論文を収録している雑誌名、あるいは論集のタイトルがきます。例えば、

小田部胤久「様式《スタイル》とハビトゥス――個人と歴史の間」、山田忠彰・小田部胤久編『スタイルの詩学――倫理学と美学の交叉《キアスム》』、ナカニシヤ出版、二〇〇〇年、二二一ページ

となります。西洋語の文献の場合も同様ですが、論文のタイトルは引用符に入れて示し、書籍のタイトル、雑誌名はイタリック体で書く習わしです。例えば、こうなります。

Margolis, Joseph, "A Strategy for a Philosophy of Art", *The Journal of Aesthetics and Art Criticism*, vol. 37, 1979, pp. 447-449.

著者名を姓—名の順に記すのは、同定しやすくするためと考えられます。

近年では、特に英語圏で思い切った略記法が広まっていて、それをとり入れる日本人著者もいます。著者名—刊行年—ページだけにして、本文中にカッコ書きの形で示すというやり方です。最後の例を書き換えるなら、(Margolis 1979, 447-449) となります。このやり方は文献表をつけることを前提としています(同一の著者の同一年刊行の文献が複数あるときは、1979a, 1979b というように区別します)。この新方式は、本文中で多数の文献を参照するときに、注を軽くするという効果を発揮します。参照する文献が数点しかない、という場合にはこの表記法は無意味です。というのも、この書き方には根本的な難点があるからです。このように表記されていると、実際にその文献に当たってみようとする読者は、いちいち文献表で確かめることを強いられます。原則として読者は、参照されている文献を確かめたりしない、ということを前提としているようです。これは学問的な態度とは言えません。扱っている文献の点数が多い場合を除いて、避けるのがよいと思います。

カッコの使い分け——カッコと総称されているものには、さまざまな形のものがありますが、ごく基本的なものについて説明します。

先ず、かぎ「　」と二重かぎ『　』。かぎは引用符として使います。文や語句、単語などを借りた場合に、その前後に区切りとしてつけるものです。語句の引用の延長上に、強調の用法があります。ある語や語句を術語として使う、ということを示すための使い方です。また、論文のタイトルを表示するときにも、かぎを使います。それに対して書籍のタイトルには、二重かぎを使います。この使い分けは確立した慣行なので、守る必要があります。

普通にカッコと呼ばれる（　）は、特定するには丸カッコと言います。これは、ただし書きを挿入する場合にひろく使います。たとえば、引用文のあとに出典注を書き添える場合も、それにあたります。このカッコは汎用的なものなので、引用文のなかにその著者が既に使っている、ということもあります。そこで、引用文のなかにあなたがただし書き（例えば語句の意味の説明）を加えたいときには、それが誰のものであるのか、区別が紛らわしくなります。ある用語に原語を添えるのは、カッコでかまいませんが、あなたの注は区別すべきです。この場合には、カッコに替えてキッコウ〔　〕を使います。

悩ましいのは、引用した文のなかに、更に引用文がある場合です。原著者が引用を行っている箇所を、あなたが引用する、という場合です。かつては、この引用文のなかの引用文を示すのに二重かぎを使うのが一般的だった、と記憶しています。「……『…』……」となります。わたしはこれに違和感を覚えます。句読点やカッコの使い方全体が、西洋のシステムを移植したものですが、この部分は使い分けが逆になるからです。西洋語なら、引用が二重の引用符で示され、そのなかに引用がある場合には、一重の引用符を使うのが一般的です。同じ問題が、タイトルのなかのタイトルの場合にも生じます（研究書によくあります）。そこでわたしは、山カッコ〈 〉（引用のなかの引用）や二重山カッコ《 》（タイトルのなかのタイトル）を活用することを始めました。これは全く個人的なもので、一般に認知されているわけではありませんが、参考までにご紹介しておきます。

第一一章　特別処方八か条

最後に、これまで主題として取り上げてこなかった、しかし重要だ、という注意事項をお話しします。簡単に触れたことの繰り返しも含まれています。

1　無駄を覚悟すること

第一か条は、論文を書くうえでの心構え、気の持ちように関することです。ここで言う「無駄」とは、《読書や調べものは、そのまま論文に「使えない」ものを、おそらく大量に含んでいる》、という意味です。「シェイクスピアの宇宙観」を考えるためには、この詩人のどの作品がこの主題に関係するか分かりませんから、できるだけ多くの（原則から言えばすべての）作品を読まなければなりません。当然、多くの「無駄」が出ます。参考論文についても同様です。役に立ちそうだ、「使えそうだ」と思って参照してみたが、刺戟の乏しい駄作だったとか、問題の捉え方が違っていて参考にならない、というようなことが、しばしば起こります。裏返して言えば、読んだもの調べたもののすべてを論文に盛り込もう、というような考え方をしてはいけない、ということです。

ここで考えるべきは、「無駄」とはなにか、ということです。確かに、こんなものを読むのに時間を費やしたのは無駄だった、と思うような論文に出会うことがあります。しかし、宇宙観との接点が見つからなくとも、シェイクスピアを論ずるのに、その全作品を読むことは「無駄」なことでしょうか。字面では、宇宙の「う」の字も出てこないのだが、この詩人の宇宙観を解明する貴重なかぎが隠されている、そのような作品があるかもしれません。今のわたしにはそれを捉える力がなくとも、あるとき、その直観を得る、ということがあるのではありませんか。そして、優れた論文とは、字面を突き抜けてことの深層に達した理解の成果に相違ありません。すると、一見無駄と見えたものが、実は決定的に重要だ、という受け止め方をしなければならなくなります。

この「無駄」を考えるうえでは、小説の読書に注目するのがよいと思います。今しがた、わたしはジェイムズ・ジョイスの『若き日の藝術家の肖像』（一九一六年初版、海老池俊治訳）を読んだところです。わたし自身の若き日に読む機会を得ずに、放置しておいた名作のひとつです。若者は何のために、このような小説を読むのでしょうか。特定の明確な目的などありません。新しい音楽を聴き、評判の演劇や映画を観るのも同じです。決まった目的がないということは、愉しみのためだ、と言いかえることもできますが、暇つぶしの娯楽とは明らかに違います。読んでみなければ分からない何かを待ち受けているのです。この「何か」は逆流式に現れてきます。

ジョイスを手にしたとき、わたしにはある目的がありました。タイトルから見て、この小説はジョイスの、あるいはモダニズムの時代の藝術家像を描いている、と想像されます。自分の研究課題のひとつである藝術思想の展開を考えるうえで、またその理解を厚みのあるものにするために、これを読んでおこうと思い立ったわけです。その必要性は切迫したものではありませんでしたから、先延ばしにしてきました。若者の読書に比べると、特定の目的のために読むという動機は不純です。しかし、ジョイスの傑作のような小説は、このような限定的な目的につながれた意識をも解放してくれるところがあります。そこには無数とも言えるモチーフが織りなされています。なかには、作者自身が特に意図していなかったものもあります。そのようなモチーフをモチーフとして浮き上がらせるのは、読者の関心です。読者の関心に応じて、作品はさまざまなすがたを見せます。読書を対話になぞらえることがよくありますが、それは、読者の問いかけがあって初めて、作品は何かを語ってくれる、という趣旨と思われます。通りいっぺんの関心は意味ある問いを立てませんから、作品もおざなりの応答しか返してくれない、これはその通りだと思います。しかし、読者が自身の関心を自覚しているとは限りません。むしろ、意識に昇らない関心こそ深く、重みのある関心だ、と考えてみることができます。現に、読書のなかで覚えた強い感興が、あなたの眠っていた関心を照らし出してくれた、という経験があることと思います。「逆流」の現象のひとつです。小説はひとつの「別世界」を提案するものですから、虚構であってもその世界は具体的で多面的な性格をもっています。その結果、小説を読んでそこに見出す面白さのレパートリーは広大です。どのような面白さがそこにあるのか分からない、この不確かさ、広がり、出会いの偶然性など、一言で言えば冒険性が、わたしたちを小説に引きつけてきたものです。

　ですから、小説の読書はわたしたちの小さな「目的」をはずれ、思いもしなかった「何か」を見せてくれることがしばしばです。わたしは、藝術思想の歴史についての知識を求めて、『若き日の藝術家の肖像』をひもときました。小説を理論の資料とする態度です。この目的には、作品の最後の部分が応えてくれました。物語は、イエズス会の学校教育を受けてきた少年が、優秀さをみとめられ、教師から司祭への道に入るよう強く勧誘されるのですが、そのとき自らの詩的な天分の自覚を得て、「藝術家」となる道を採る決意を固める、というものです。これは逆回心とも呼ぶべき決断です（「回心」はカトリックの用語で、異教徒がキリスト教に帰依する、あるいは俗人が修道生活に入ることを言います）。その逆回心を支えたのが、少年の探究していた美学思想なので、末尾に向けてその理論の断片がかれの口から語られます。その美学は、決して独創的なものではありませんから、この読書によって未知の思想を学んだ、とは言えません。それでも、審美主義と呼ばれる美学が持っていた重い現実性に、あらためて印象づけられました、人生の岐路に立った少年の決断を左右する力を具えていたからです。わたしが得たのは、特定の知識というよりも、美学思想の歴史に関する背景的な知のようなものです。わたしが審美主義思想を「知っている」と言う場合の意味合いが、以前よりも濃密なものになった、という感覚があります。

　わたしの読後感のなかでは、あらかじめ持っていた「目的」に対するこの成果は、必ずしも最も大きなものではありません。さまざまな面白さ、言い換えれば関心を覚えたのですが、そのなかのひとつをご披露します。カトリックの教育の血なまぐささの認識を、わたしはこの小説のなかで、いきいきとしたかたちで得ました。少年の逆回心の動機のひとつとなったのが、第三章で展開される「静修」です。聞きなれない言葉ですが、「静修」とは「主日或いは祝日に修道院その他の宗教的な場所で行われ、宗教的真理についての黙想、又それに関する講話の聴講、および特に熱誠な秘蹟受領とその他の信心業等、信仰生活の精神集中と深化とのために行われるものを指す」（小林珍雄『キリスト教用語辞典』、東京堂出版）と説明されています。わたしが強い印象を受けたのはそのなかの講話で、「四つの終焉」、すなわち死と審判と地獄と天国を主題としています。この詳細を極め、長々と展開される扇情的な講話を、ジョイスは記憶と想像力で書いたに相違ありませんが、驚嘆を覚えます。そのクライマックスが地獄における天罰の描写で、刑罰の火とともに五感のすべてに与えられる責め苦、特に醜悪さが生々しく語られています。霊的な生である信仰へのいざないが、信者の心に感覚的な嫌悪、恐怖を植え付けることを柱としていることに、わたしは強い衝撃を受けました。それだけに、逆回心を果たした少年が、朝、目覚めて、その魂を浸している「快い音楽」を描くくだりの清新さが、際立つ思いがします。

わたしはこの箇所の見事な描写を「鑑賞」しただけではありません。感覚的嫌悪感を刺戟しようとするこの狡猾な戦略は、カトリック教会に関するわたしの背景的な知のなかに組み込まれました。わたしは、キリスト教的な形而上学に相当の関心を向けてきました。他方において、ディドロのような「無神論者」が、カトリック教会に対して憎悪のような感情を懐いていたことを、知識として知っていました。ジョイスを読んだことによって、キリスト教的な哲学に対する関心に変化が生まれたわけではありませんが、無神論者の憎悪がよりよく分かるようになった、と言えます（青年期になってもディドロが、聖職者となることを人生の選択肢のひとつとして考えていた、という事実は、かれとジョイスの主人公の少年の姿を二重写しにします）。『若き日の藝術家の肖像』をこのような観点から読むひとは、あまりいないでしょう。多くのひとは、この「静修」のくだりを読み飛ばすかもしれません。二〇歳のわたしなら、きっとそうしていたことでしょう。ひとにより、また状況によって覚える関心、読み取るものはさまざまです。それが何であれ、そこで学んだことは、経験と同じような冒険性、具体性を持っています。目的をもたない読書、あるいは目的のそとで得られる読書のめぐみとしてのこのような「背景的な知」こそ、われわれが教養と呼び習わしてきたものにほかなりません。そしてその教養こそ、あの「無駄」の正体です。教養という言葉は、すっかり信用をなくしてしまいました。それと反比例して、効率を重視し、効果を求めるせっかちの精神が広まっています。しかし、論文を書くうえで無駄をなくすことは不可能です。それだけでなく、無駄こそが議論を空虚さから救うものだ、という事実を認識することが、大切なのではないか、と思います。

2　文献の芋づる式探索法

小説についての「無駄」話が、少し長すぎたかもしれません。ここからは、実際的で具体的な指針です。まずは、文献の探し方です。文献を探すツールは、驚くほどの速さで変化しています。もちろん、インターネットをはじめとする電子的な媒体による情報が提供されるようになっているからです。その個々のサイトを挙げても、じきにアドレスが変わる、ということもありますし、博士論文を準備しているひとなら、わたし以上にくわしいと思います。そのような理由から、検索ツールについては触れないことにします。原点は大学の図書館です。どの大学も、その図書館の蔵書だけでなく、他大学の蔵書まで検索できるようになっていると思いますので、司書のかたに相談してください。また、ガイダンスが組織されているところも少なくないでしょう。

検索ツールはいわば複雑に分岐した通り道です。どの道を通ってゆくかは、あなたの判断です。わたしは、その判断についてお話ししようと思います。読むべき文献は、少なすぎても困りますが、多すぎても困ります。初めて論文を書こうとするひとは、とにかく文献がほしいという状況にいるはずです。関心のある主題はすでに準備されている、というところから始めます。あなたの大学の図書館に行き、その主題について検索します。固有名の方が結果を得やすいと思いますが、キーワードでも構いません。探すのは、シェイクスピアやカントの作品そのものではなく（それらは当然、読まなければなりません）、それについて書かれている研究の方です。既に指摘したように、あまり研究されていない対象は少なくとも初学者には適しません。

検索して出てきた一覧から、数点をメモします。大切なのは、そこで閲覧室に行き、それら数点を手に取ってみることです。あなたが面白そうだと思うものを最初に選んでください。ただし、たくさん注のついているものを選ぶのが大切です。これは適切な文献を探すための方策です。読みたいものに注がついていなければ、二冊読むのもよいでしょう。どうしても一冊だけ、というなら注が優先します。注には、その著者がその研究を書くうえで参照した文献が出ています。あなたが面白そうだと思った記述のところに注記されている文献のなかに、あなたが探しているものがあるはずです。その中の一点を読むと、さらにそこに次の文献が出ている、という具合です。大学院に進んで研究を進めるひとたちは、このような試行錯誤を経て、何が重要な文献かということを体得してゆきます。

重要なことは、いくら検索ツールが高速化しても、サイトのうえだけでは解決しない、ということを肝に銘じることです。当たり前のことですが、自分で読まなければ、何が自分の必要としているものなのかを、識別できません。特に、検索結果が非常にたくさん出てきた、という場合、選別が絶対に必要です。その迷路のような文献の森のなかに入って行かなければ、何も始まりません。

3　疑問を持てないひと

論文の主題は、あなたの関心によって選ばれます。しかし、それについて何を論じるかというテーマは、あなたの覚えた疑問によって決まります。疑問を持つことの重要性は、ここまで強調してきました（特に第五章の3）。しかし、関心と疑問は、心理的には矛盾します。関心を持つということは、その対象を知らないがゆえのことですから、疑問を持っているのと同じことだ、と思うかもしれません。しかし、この重なり合いは表面的なものです。多くのことに生きいきした関心を懐いているのに、読むものに新鮮な感動を感じるだけで、少しも疑問を覚えない、というひとがいます。見ていると、性格的に、関心型と疑問型があるようです。関心をもつことは受容的であり、疑問をもつことは攻撃的です。付き合うなら関心型のひとの方が平和で可愛らしい、ということがあります。しかし、当人が論文を書くには、疑問が不可欠です。

関心型のひとが論文を書くための解決法として、既にお話ししたのは、一点を突き詰めてゆくのではなく、ある意味で網羅的なテーマを設定することでした。例えば、鉄道唱歌のすべてを取り上げ、そのなかの名所のタイプを類別するとか、シェイクスピアの全作品を対象として、そこに出てくる植物を数え上げるとかいう、まさに関心＝好奇心型のテーマです。しかし、その場合にも、最低限度の疑問が必要です。何故名所に絞るのか、何故植物に注目するのかについては、何らかの疑問が必要です。もともと植物が大好きだ、というひとの場合なら、何故、シェイクスピアを取り上げるのでしょうか。短くともこれに答えなければ、主題の設定は説得力を欠きます。

そこで、関心型のひとが疑問を懐くために、何か方策はないのか、を考えてみます。疑問をもたないのは、本に書かれていることを、そのまま受け入れてしまうからです。信じやすいタイプと言えます。その信じやすさは、突き詰めると、自分の知識、自分が知っていると思っていることについて、厳密に考えていない、ということです。ひとから突っ込まれたり、質問されたりすると、とたんに口ごもってしまいます。疑問をもつということは、自分の知識について不安を懐くことです。そのための第一歩は、友人に何かを説明してみることです。友人に何ら疑問を感じさせないような説明をするには、自分で先回りして問題になりそうなところをチェックする必要があります。ゼミや論文指導の時間に「発表」の機会があれば、そのような心構えで臨んでください。その機会のないひとはどうしたらよいでしょうか。思い切って、数人の友人に呼びかけて、プライベート・ゼミを作ってみてはどうですか。本気で、疑問をもちたいと思うなら、それくらいのことは何でもないでしょう。社会に出て仕事をするうえでも、疑問をもつことは大切です。主婦の発明も、疑問がもとになっています。

4　他人の文章を添削する

論文を書くことは個人的な、ときには孤独な作業です。しかし、いまお話ししたプライベート・ゼミのように、準備過程において協同作業が非常に役立つことがあります。特に文章法のところでお話しした、《他人の目で自分を見る》ということです。例えば、このようなやり方が考えられます。五、六人で集まります。そして、同じ課題で、同じ長さの文章を書きます。そして、全員で全員分の文章を添削しあうのです。あまり人数が多いと、関心が拡散します。文章の課題ですが、「同じ」という言い方ではあいまいです。例えば、「愛について」だとか、「文明の対立について」だとかいう一般的な題ですと、各人の書くことに共通性が少なくなり、好ましくありません。一冊の本をみなで読み、その要約を書く、感想を述べ合う、というのがよいと思います。一緒に出席している授業の要約は、その授業の理解にも役立ち、一石二鳥です。あるいは、この課題のために、そろって映画や展覧会を観にゆく、そしてその感想を書く、ということも考えられます。長さは、A４一枚か二枚くらいが適当です。このようにして、同じ主題について他のひとの書いた文章を読み、しかも添削すると、感心したり、欠点が見えたりします。最後に合評会を開いて、各人が見つけたよい点、悪い点を集約すると、文章法のうえで誰もが上達すること、間違いありません。論文を書くことは技術《アート》ですから、能動的に試みなければなりません。

5　長く書けないひと、短く書けないひと

卒業論文を書くひとは、ほとんど、初めて論文を書くという経験をしているひとたちです。一〇〇枚はおろか、五〇枚書くのさえ大変だ、という実感をもっていると思います。ところが、すらすらと長い文章をものするひとがいます。長い文章を切り詰めるのは、さして難しいことではありませんが、短いものを長くするのは大変です。おしゃべりなひとは文章も長くなり、寡黙なひとは文章を書いてもぶっきらぼうになる、という相関関係があるのかもしれませんが、あまり厳密なものではなさそうです。わたし自身は、近年書く論文は長篇になりがちですが、それでも、長く書けるひとに羨望の念を覚えます。わたしの書いている論文は、そういうひとなら一冊の著書になるのではないか、と想像したりします。

短く書けないひとにも、それなりの悩みがあると思います。第一の問題点は、おそらく話題が飛びすぎる、ということではないかと想像します。これについての対処法は、まず議論の道筋をはっきりさせ、それを厳格に守ることです。そうすると、その展開からはみ出す話題がいくつも出てくるはずです。これらについては、注にまわすことが考えられます。この工夫は、注の書き方の上達にもつながります。しかし、投稿論文のように、全体の枚数が制限されている場合には、余分な話題を注に回しても解決にはなりません。そうなると、注をさらに整理して、削れるものを削ることになります。つまり、それぞれの話題の重要性の判断の問題に帰着します。

本書の想定している主要な読者は、卒業論文を書こうとしている人たちです。この人たちにとっては、長く書けない、という悩みの方が切実ではないか、と思います。何故長く書けないのでしょう。突き詰めると、長く書けないのは、話下手だということに由来するのではないかと思います。話下手なのは、相手に分かってもらおうとする気持ち、あるいは相手に教えてあげようとする気持ちが薄いからです。ほとんどの場合は、そういう意識が希薄なのでしょう。「駅前の映画館で、今度○○をやるよ」という会話の例に戻って考えます。まず、話し相手が、この○○という映画にどの程度の関心をもっているかが問題です。相手の反応を見て、あまり関心がなさそうだ、と分かれば、その話題は終わりです。それ以上詳しく話す必要はありませんし、それを無視して話し続けても、座が白けるだけでしょう。相手が強い関心を示すなら、より詳しい説明が必要になります。「今度」とはいつのことで、それが一日だけの上映なのか、何日間か続くのか、あなたの情報がどこから得たもので、どの程度確かなのかを伝えなければならないでしょう。不確かな情報なら、「調べてみるといいよ」と言うことになります。

論文の場合は、主題について関心を持っているのはあなた自身です。当然、詳しい説明をしなければなりません。読み手は、その主題について何も知らないものとして、話さなければなりません。何の予備知識もないひとが、あなたの説明でその主題についての理解に到達する、というようでなければなりません。それには、いろいろな側面から主題を捉えることが必要になるでしょう。いろいろの側面ということが大事です。あなたの説明が不足しているのは、ひとつの面だけしか見ていないからです。より正確に言えば、他の面がありうるということに思い至っていないからです。思い至っていないものに、どうしたら思い至ることができるか、その手立ては何か、と問われれば、わたしにも分かりません。しかし、注意力の使い方は、多分に習慣の問題です。例えば、横断歩道を渡るときの用心を考えることができます。はじめは意識的に車の往来に注意を向けるようにします。これを繰り返していくと、そこに注意を向ける習慣が身についてきます。多面的な説明も同様です。始めは、意識的に、自分の説明をチェックしなければなりません。これで十分か、読むひとが不足を感じるところはないか、と問うてみる必要があります。それでも、何も思いつかないかもしれません。しかし、それを繰り返していると、あるとき、不足している説明事項をひとつ思いつく、ということが起こるはずです。そうなれば、その経験がきっかけとなり、どのように注意を向けるべきかというこつが分かってきます。技術は身体で覚えるものです。

6　迷路に入り込んだなら

論文を書き進めているとき、議論が暗礁に乗り上げて、にっちもさっちもいかなくなることがあります。十分な見通しをもたずに書き始めた場合、往々にしてそういうことになります。着手するのが早すぎたのでしょうか。

結論が見つかってから、あるいはテーマの性質によっては、証明の仕方、道筋を発見してから、論文に着手せよ、という逆流式については詳しくお話ししました。結論や証明法が見つかっていない、というのは「迷路」以前の問題で、そもそも着手すること自体が難しいでしょう。「迷路」を経験するのは、部分的に不明なところがあった場合です。しかし、原因の詮索は二の次です。これには次のような事情があり、いつでも座礁する可能性があるからです。問題は、予測して設計図を書く場合と、実際に論文を書いてゆく場合とでは、論理の密度が違わざるをえない、ということです。書いてゆくときには、一歩々々、論理を確かめながら進んでゆきます。それに対して、設計図を引くときには、論理の道筋の捉え方が、当然、ラフになります。ラフでなければ、設計図にはなりません。執筆時と同じ密度で考えるなら、設計図ではなく論文そのものになってしまいます。この密度の違いの結果、書き始めてみると、予期していなかった問題にぶつかる、予定していた議論の運びには穴があった、というような経験をすることが、十分ありうるわけです。そのときどうしたらよいでしょうか。

それが深刻なものであるなら、そこまで組み立ててきた議論を全部捨てる覚悟をすることが、まず必要です。このように腹をくってしまえば、あとは冷静に対処することができます。腹をくったうえでどうするか、という対処法はひとつしかありません。そこまで書いてきた自分の草稿を読み返し、要約のノートをとることです。ノートをとったなら、そのノートを批判的に読み返し、議論が破綻したところを突き止めることです。場合によっては、ノートのノートをとります。議論の展開の筋だけを取り出して、それを厳しく検討します。設計図のどこかに欠陥があるので、それを明らかにして、設計図そのものを書き換えるためです。わたしは何度かこのようにして、活路を見出しました。しかし、それでも道が開けないときはどうするのか。どうしようもありません。少なくとも当面、その論文を仕上げることはできません。もしもそのテーマがあなたにとって重要なものであるなら、あなたのなかでの成熟を待つほかありませんし、そのテーマにいつか必ず戻ってゆきます。

卒業論文のように期限が定められ、しかもそれが切迫している、という場合にはどうしたらよいのでしょうか。わたしは、行き詰まった議論をそのまま、挫折の記録として提出することを薦めます。ただし、《ここまで書いてきて、先に進めなくなりました。問題がどこにあるかを検討しました。ここには事実の誤認がありました。ここでは、テクストを読み間違えました。こう読んで先へ進んだのですが、こう読むべきでした。また、ここでは議論を無理押ししました。これを修正しようとしたのですが、時間切れになってしまいました》という自己批判の章をつけ加えてください。これはいままでにわたしの経験したことのないケースです。いま、右のような袋小路から抜け出すための方策を考えて、これ以外ないと確信したものです。論文は未完です。それも、量的に終わっていない、というのではなく、論理的に未完です。それでも、これだけの明晰な批判力があれば、文系大学における四年間の学習成果としては十分です。わたしが審査員なら高い評価を与えるでしょう。あなたの指導者が、それを評価しない分からず屋の先生だったとすれば、身の不運としてあきらめてください。

7　組み直しは非常に難しいということ

好著、名著は改訂の機会を得ることがあります。改訂版のまえがきやあとがきを読むと、全面的な改稿を志したのだができなかった、という著者の告白に出会うことが、よくあります。翻訳でさえそうです。その挫折の理由を、時間の不足と説明している著者がいますが、それは認識違いだと思います。論考は、論点や議論展開の筋、問題を構成しているいくつもの面などが複雑に絡み合った構築物です。一見しただけでは単純に見えますが、いざ、どこかを改訂しようとすると、たちまち、この複雑な構成が立ち上がってきます。一か所に手をつけると、その影響が何か所にも及びます。ひとつふたつの用語を変えるだけなら、たかが知れていますが、それは語句の修正にすぎません。改訂とはそのように局所的なものではありません。議論の道筋に手をつけると、影響は甚大で、手がつけられなくなります。

いましがた、迷路に入り込んだ場合の脱出法をお話ししました。設計図の全面的な書き換えが必要になります。そのことと、組み直しは非常に難しいということは矛盾します。しかし、右も左も行きどまり、という話ではありません。改訂の仕方が問題です。改稿が難しいことを認識するなら、解決策はひとつしかありません。古い原稿を棄てて、新しく書き直すことです。設計図を書き換えたなら、施工法も変わってきて当たり前です。気持ちのうえでは、どうしても旧稿を生かそうとします。旧稿を生かすなら、局部的な推敲、修正に過ぎなくなります。当然、破綻した論理に縛られることになります。そっくり書き変えた方が、結局は早道だ、ということになります。わたしは或る論文の一節を全部書き変えたことがあります。初めはパラグラフひとつを部分的に修正して解決することを試みましたが、うまくいきませんでした。経済的な解決策をいろいろ模索した挙句のはてに、思い切って、一節をそっくり書き変える方が早い、という結論に達しました。もちろん、用心のために、旧稿を別ファイルに取っておきましたが、結局使いませんでした。

8　序文とレジュメ

論文の巻頭に序文もしくは序を置きます。一般書なら「まえがき」とか「はじめに」とか別の呼び方をすることが多いでしょう。しかし、論文なら、序あるいは序文としなければなりません。序においては、論文の主題とテーマ、すなわち、どういう問題をどのような点に注目して論じるか、ということを示します。博士論文なら、あなたのテーマが学問的に有意義であるということを、証明しなければなりません。いままで取り上げられていない、ということは、十分な存在理由にはなりません。誰も論じていない主題など、いくらでもあります。そのような主題であれば、逆に、それを意味づけるのは難しいことです。標準的なのは、既に多くの研究がある主題について、新しい捉え方をする、というテーマ設定です。この場合には、主要な先行研究に言及し、それらのどこに不足を感じて新しいテーマを設定するか、ということを論じなければなりません。

テーマを説明したなら、各章の内容を紹介してゆきます。そのテーマをどのように展開して結論に導くかという設計図を、理解できるようなかたちで提示することです。これは、論文のレジュメ(要約)に相当します。論文を投稿するとき、別原稿としてレジュメが要求される場合もあります。英語の世界では、各分野で、レジュメだけを集めた雑誌があるほどです。書かれる論文の数が増えたため、読むに値する論文を見つけるためにレジュメが必要になっているのです。そのレジュメは、当然、字数が制約されています。それに対して、序文のふくむ要約はずっと内容豊かなものにすることができます。それでも、主眼とするのは、論の全体のアウトラインを示すことです。そのアウトラインを、単なる骨格としてではなく、議論の意味を理解できる程度の肉付きとともに提示することです。

このようなレジュメは、本文を仕上げたあとにしか書けません。序文を最後に書く、ということは、論文を書くひとのあいだでは常識です。理由は明らかでしょう。論文の全体像は、書き上げたあとにしか、明快なすがたで捉えることができないからです。従って、二種類のレジュメを区別しなければなりません。始めに書くレジュメと、完成したあとで書くレジュメです。学会の研究発表を申し込むときには、レジュメが必要です。審査のためです。多くのひとは、横着して、まだ書き上げていない論考の発表を申し込みます（初めて研究発表をしようとするひとは、これを真似てはいけません）。その場合には、主題を説明したあとで、こういうことを論じたい、と書く他はありません。この「論じたい」は単なる未来形ではなく、実は正直な願望の告白であるということが少なくありません。そのことは、論旨が実質的に無内容であることから、すぐに分かります。それでも審査員は、申請者の実績、その短い文章に表れた理解力や主題の意義などから、成否を判断します。幸いにも口頭発表の機会を得、さらに、その完成原稿を学会誌に投稿する段階にこぎつけた、とします。すると再びレジュメが求められます。このレジュメは未来形ではなく、完了形のものでなければなりません。序文は、このレジュメを、スリムながら肉付けしたものです。これを書くときにも、場合によっては、自分の書いた草稿のノートをとることが必要かもしれません。序文によって、その論考の最初の全体像を読み手に与えるのですから、その役割は重要です。

わたしは、この本のまえがきを最初に書きました。著作の意図と方向性を自分で確認するためです。しかし、いまからそこに戻って、推敲を加えます。本書は論文ではありませんから、議論を集約する必要はありません。それでも、実際に書くなかで、強調したこと、自分でも再確認したこと、気づいたこと、発見したことなどがあります。それを踏まえて、まえがきを再調整します。あなたが本書を手にして最初に読んだのは、そのようにしてわたしが最後に書いたものでした。

あとがき

退職して半年後、完全に自由な境遇になりました。二四時間、何をしていてもよい身の上、という意味です。昨（二〇一三）年初秋のことです。ふと思い立って、《論文の書き方》本を書いてみようか、と心が動きました。半年前の一月には、三五年間の研究成果である『ディドロ《絵画論》の研究』（中央公論美術出版）を刊行しました。そこに至るまでの一年間、議論の立て直しをふくめて推敲に没頭し、自分でも信じられないような量の仕事をこなしました。その疲労が全身に残っていました。何しろ、一〇〇〇ページ近い大冊でしたから。未来の方に目を転じても、次の大きな仕事は、相当に長い道のりの彼方にありました。《論文の書き方》本は、フリーハンドで書くことのできる素材です。疲労の薄靄に覆われた身体にも頭脳にも、ほどよい刺戟になるものと思ったわけです。かつて『美学への招待』（中公新書）という本を書いたとき、無謀と知りつつ一日三〇枚で一〇日の仕事という計画を立てました。もちろん、その通りには行きませんでした。今回は、自らの体力をも考え、一日一〇枚で三〇日、という目算を立てました（当初は、新書サイズの計画でした）。今回は、ほぼ目論見通り、一一月とその前後の一〇日間ほど、都合四〇日ほどで初稿を書き上げました。ただし、原稿の量は、既に膨らんでいました。

この主題は、ほとんど放棄していたものです。「実践的論文作法」という論文を公表し（宮原琢磨編『21世紀の学問方法論』、冨山房インターナショナル、所収）、心のなかでは一応のケリをつけていたからです。もちろん、一篇の論文で語ることのできる内容には限りがあります。その不足に正面から向き合おうとするに至ったきっかけは、飯倉穣さんから、創造性についての講演の依頼を受けたことでした（飯倉さんは、かつて都市景観についての研究チームに誘ってもらったことがあり、それ以来の旧友です）。その機会に、いくつかの文献を読み、自分でも議論を再構築してみて、二〇年前に『美学辞典』（東京大学出版会）の一項目（「創造／創造性」）として書いた内容を根本的に改稿すべきことを痛感するようになりました（このテーマは、当面のわたくしの中心的な研究課題となっています）。創造性に関する新たな関心の焦点は頭脳の働きにあり、どのようにして、われわれは新しいことを学んだり、考え出したりすることができるのか、ということです。この観点から見れば、創造性は、天才的藝術家の仕事をモデルとして考えるものであるよりは、はるかにありふれた現象です。卒業論文の執筆は身近なモデルと見ることができます。この観点は著作の意欲を掻き立てるのに十分な刺戟に富んでいました。

このようにして着手し、順調に初稿を書き上げたのですが、印刷以前の改稿、二度の校正の際の推敲は、相当に念を入れ、気合を込めたものになりました。まず、モラルの章の大幅な増補へと背中を押してくれたのは、かつての同僚で中国思想を専門とする佐藤慎一さんです。久しぶりにお会いしたのは、長らく務めて来られた東京大学の副学長の職を辞される少し前のことです。やや慌しい昼食の席で、本書の計画を話しました。副学長として研究と教育を担当されていた佐藤さんは、特にモラルの問題に関心を示し、一章ではなく一書が必要とさえ力説されました。既にSTAP細胞論文をめぐる疑惑が世間を騒がせていました。この問題については、その後、STAP細胞の存在そのものに関心が移ってきたため忘れられた感がありますが、当時話題となっていたのは、論文の剽窃、画像の切り貼り、使いまわしという不正でした。これは文系の論文でもありうるし、現にあるタイプの不正です。佐藤さんとの会話を通して、インターネットによる情報環境の変化から考えなければ、いまの研究不正に対応できない、という確信を得ました。佐藤さんのおかげで、わたくしは怠惰な眠りを覚まされました。第七章が少しでも中味の濃いものになったとすれば、佐藤さんのおかげです。謝意をささげます。

今回もまた、妻の寛子に通読してもらいました。言うまでもなく、少しでも分かりやすいものにしたい、と考えてのことです。当初は、この本の主題は妻の知的関心に沿いうるものかどうかと考えて、ためらっていました。そのため、読んでもらったのは、原稿ではなく初校になりました。妻のアドヴァイスに従い、大幅に手を入れたところがあります。寛子に感謝しています。

それにつられるように、ほかにも新しい話題を書き込んだこともあって、再校での直しが多くなり、編集者に迷惑をかけました。編集者は小暮明さんです。小暮さんには、その綿密な読みにも助けられました。この仕事全体のサポートに、感謝しています。本書のなかで説いていることを、自分で完璧にこなしきれていないことを、知らされたところも少なくありません。特に語句の繰り返しを避けることの難しさを痛感しています。

最後に、忘れずに謝意を表しておきたい人たちがいます。東京大学文学部美学藝術学専修課程、日本大学文理学部哲学科、およびそれぞれの大学院において、わたくしの指導で論文を書いた人たち、とくにまえがきに記した二〇〇二年の演習の参加者一七名の面々です。これも書いたことですが、論文を書くうえでの問題点の多くは、指導経験を通してわたくしが学んだことです。また、二〇〇二年の演習の資料は、本書を書く日のためにずっと保存してきました。結局、そのまま利用したところはありませんが、そこに目をとおしてみて、かれら彼女らが非常に優秀な学生だったことを再認識し、感銘を覚えています。この資料は、本書を書き上げた時点で処分するつもりだったのですが、いま、躊躇をおぼえています。

再校を終えたところで、このあとがきを書いています。仕事はほぼ完結した、と思います。当初の構想は、論文指導に貢献する実用書を書くことでした。いまも、その実用性は最大の関心事です。蓄積してきた経験を語る愉しさもありました。同時にまた、自由な哲学的エッセイを書いた、という実感を喜んでいます。わたくしの覚えた愉悦が、この本を手がかりとして論文を書く若者たちの充実感に満ちた経験につながってくれることを、願っています。

二〇一四年初夏

あさがおの咲き始めたころ

佐々木健一

著者略歴

佐々木 健一（ささき　けんいち）
1943 年　東京に生れる
1965 年　東京大学文学部フランス語フランス文学専修課程卒業
1971 年　東京大学大学院人文科学研究科美学芸術学博士課程修了，博士（文学）
1989 年　東京大学文学部教授
2004 年　日本大学文理学部教授
2001 - 4 年　美学会会長
2001 - 4 年　国際美学連盟会長
2008 年 -　国際哲学会連合運営委員
2013 年 -　同副会長
現在　東京大学名誉教授
専攻　美学，フランス思想史

主要著書

『せりふの構造』（1982 年，筑摩書房，サントリー学藝賞受賞．1994 年，講談社学術文庫）
『作品の哲学』（1985 年，東京大学出版会）
『演出の時代』（1994 年，春秋社）
『美学辞典』（1995 年，東京大学出版会）
『エスニックの次元』（1998 年，勁草書房）
『ミモザ幻想』（1998 年，勁草書房）
『フランスを中心とする 18 世紀美学史の研究――ウァトーからモーツァルトへ』（1999 年，岩波書店）
『タイトルの魔力』（2001 年，中公新書）
『美学への招待』（2004 年，中公新書）
『レトリック事典』（監修および共著，2006 年，大修館書店）
『日本的感性』（2010 年，中公新書）
『ディドロ《絵画論》の研究』（2013 年，中央公論美術出版）

論文ゼミナール

2014年8月18日　初　版

［検印廃止］

著　者　佐々木健一《ささきけんいち》

発行所　一般財団法人　東京大学出版会

代表者　渡辺 浩

153-0041 東京都目黒区駒場 4-5-29
http://www.utp.or.jp/
電話 03-6407-1069　Fax 03-6407-1991
振替 00160-6-59964

組　版　有限会社プログレス
印刷所　株式会社ヒライ
製本所　牧製本印刷株式会社

ISBN 978-4-13-003208-7　Printed in Japan

佐々木健一著　美学辞典　A5　三八〇〇円

二通信子
大島弥生
佐藤勢紀子
因　京子
山本富美子著
留学生と日本人学生のための　レポート・論文表現ハンドブック　A5　二五〇〇円

東京大学教養学部ALESSプログラム編　Active English for Science　英語で科学する——レポート、論文、プレゼンテーション　B5　二八〇〇円

森村久美子著　使える理系英語の教科書　ライティングからプレゼン、ディスカッションまで　A5　二二〇〇円

ここに表示された価格は本体価格です．ご購入の際には消費税が加算されますのでご了承下さい．